第32辑

政协陕西省府谷县委员会 编

府谷

一座中国县城的时代记忆

相册

商务印书馆
The Commercial Press
创于1897

《府谷相册》编委

序 言

陕西府谷，一座历史悠久的中国县城，地处秦、晋、蒙接壤地带，素有"鸡鸣闻三省"之称。

如果说私人相册是一个家庭的个体记忆，那么，《府谷相册》就是一部关于陕西府谷人集体记忆的文史书籍。本书选取具有典型意义的、能够反映时代特征的课题，图文并茂，以小见大，记录部分特定事物的风貌，将宏大的历史叙事浓缩呈现，让读者领略府谷上世纪波澜壮阔的社会图景。特别是通过采访，收入了大量口述史料，让那座城、那些事和那些人的光阴故事变得可知可感，富有生命力。

有人说，县城才是中国的底色。翻开这本书，我们似乎看到了无数中国县城的历史变迁，以及被时间长河带走的百姓故事。

一座县城，半个世纪。在这里，看见另一个维度的中国。

习近平总书记指出："一切向前走，都不能忘记走过的路；走得再远、走到再光辉的未来，也不能忘记走过的过去，不能忘记为什么出发。"

诚哉斯言。这也是我们编辑出版此书的初衷。

收集编纂文史资料是政协工作的重要组成部分，旨在铭记历史，传承文脉。政协遵循"三亲"原则，多形式、多领域收集编纂文史资料，打造文史精品，以期做好历史传承，留存文化记忆。

二〇二二年五月一日

目 录

· C O N T E N T S ·

第一篇

欢闹元宵

欢闹元宵

祝福团圆

祈愿日子过得

红红火火

撰稿：魏二保

元宵节是中华民族的传统节日。据史料记载，元宵节早在两千多年前的汉代就有了。在唐代，元宵节张灯结彩为法定之事。近代，人们对元宵节情有独钟，其受重视程度仅次于春节。

元宵节为农历正月十五，是一年中第一个月圆之夜，古人称夜为宵，所以就把一年中第一个月圆之夜称为元宵节。元宵节的主旋律就是一个"闹"字，是人们放下疲惫，释放自由，开启新一年的美好日子。

▶ 舞龙表演。拍摄于 1985 年。
马子亮　摄

府谷人历史上过正月十五，按理讲也应该有多种庆祝活动，但如何活动，没有文字记载，后人不得而知。乾隆《府谷县志》在风俗篇中写道："十五日上元节，天官诞辰，俗所尤重。""俗所尤重"怎样的重法？只字未提。

民国时期府谷县的元宵节如何活动，一些老人都留有记忆。退休干部、古城街老居民、83 岁的闫子荣回忆说：

我在七八岁的时候，过正月十五，总要跟随哥哥去街上看扭秧歌，看踩高跷，看放花炮。

哈镇街老居民、81 岁的退休老教师郭家谋回忆说：

哈镇人原不会踩高跷，是马占山队伍的人教的，马占山部队驻扎哈镇是上世纪三四十年代的事。

▲秧歌表演。
　王春霞　提供

▼ 杂耍表演，当地俗称"抬阁"等。约拍摄于 1982 年。
马子亮　摄

▲彩门。拍摄于1985年府谷县城十字街。
马子亮　摄

◀锣鼓彩车。
马子亮　摄

据一些老年人回忆，中华人民共和国成立以来府谷人闹元宵出现过两个时间段的热潮，一次是上世纪50年代末至60年代初，一次是70年代末至80年代初。

哈镇老居民、76岁的退休教师韩宽厚回忆说：

上世纪50年代末到60年代初，哈镇过正月二十五实际是补过元宵节，各种节目从头年冬就安排了各单位。譬如狮子、龙由鞋业社办，狮子的毛、龙头上的须发用过的麻，表演完了还可以搓成麻绳纳鞋底，没有浪费。旱船由木业社办，损坏了修理起来顺手。秧歌由学校办，高跷由居民办，接受任务的单位和职工，都认为那是他们应尽的义务。各行各业每年都积极性很高，大家不约而同、独立自主去完成，而且还都办得很好。

▲府谷中学师生排练元宵节节目。

府谷中学校史馆　提供

▲舞狮表演。拍摄于1985年十字街。

马子亮　摄

县城老居民、75岁的退休干部杨遐龄回忆说：

上世纪七八十年代，县城的元宵节可以说办得红红火火。每年电业部门舞狮子，食品公司舞龙，地毯厂的担灯，轻工系统的旱船，学校的秧歌已成定规。那时，人们办会纯粹出于爱好，演出者不图名，不要报酬，心甘情愿地奉献。主办者热情主动，观看者如潮水般涌向街头。

▼踩高跷表演。
马子亮　摄

县城传统的"拦会"，在上世纪 70 年代末至 80 年代初，府谷县城人民路已形成，为元宵节演出创造了条件。

县委退休干部王凤山回忆说：

正月十四、十五、十六三天拦会，夜幕降临时演出队伍从河运社出发，唢呐手在前。演出队伍每过一个单位的大门，都要表演一番。各单位大门前都有一个大的火笼，当演出队伍到来时，单位先放花炮表示拦截，观看人员自觉地迅速分开，让出场子，站到四边，演出队伍一项一项认真表演。一般县城旱船队首先出场，他们在陆地上模仿船行动作。跑旱船的大多是姑娘，行碎步，转八字，船如水上漂。艄公手拿桨，做划行的姿势，有时船搁浅滩，艄公再推船，动作模仿真切。担灯队由地毯厂女工出演，给人印象是动作整齐，表演稳重，备受观者称赞。舞狮子一会儿文一会儿武，文舞好像狮子很听话，抖毛、打滚。腾跳、登高表现狮子的凶猛，栩栩如生。拦会高跷队主要扭秧歌，扮演《西游记》人物，扮演媒婆、傻公子，他们行走如履平地。听说高跷队能演劈叉、能跳凳。耍龙，耍好耍差不重要，主要图个吉利。最吸引人的是唢呐，唢呐是府谷的弱项，但从河曲、原平、米脂雇来的吹手，受到人们的普遍追捧。演出队正月十五要整整熬一个晚上，他们最辛苦。

踩高跷表演。
马子亮 摄

元宵节"拦会"场景。

马子亮 摄

▲ 府谷县林业系统秧歌队。
　马子亮　摄

▼府谷县经委系统秧歌队在原府谷中学操场表演。
马子亮　摄

▲灯游会。

马子亮　摄

府谷正月十五元宵节的"转九曲",也叫灯游会,受到人们的普遍青睐。除了它的趣味性,还有另外一种说法:参加灯游会可以免灾祛病,四季顺遂平安。宋代陈元靓《岁时广记》卷十二《偷灯盏》,解释当时人在元宵节偷灯的原因时说:"一云,偷灯者,生男子之兆。"这里"灯"谐音"丁",就是男丁。这样一来,偷灯就是祈求子嗣绵延,而观灯也就有了求子的含义。

府谷农村正月十五最讲究在自家院里烧旺火。正月十五的火笼,有时比过年的火笼还要大。据传,烧旺火的目的主要是驱邪祈福,迎神接福。

▲"骑竹马"表演。

府谷中学校史馆 提供

▲"骑竹马"表演。

马子亮　摄

▲府谷县元宵节传统节目"二女子拉碌碡"表演。
马子亮 摄

　　"正月里，正月正，正月十五挂红灯。"这是流行于陕晋蒙一带二人
台《五哥放羊》里开头的一句台词。元宵节挂红灯，城里乡下习俗一样。
城里元宵之夜，人们会结伴观灯。城里花灯的样式最为繁多，数不胜数。
莲花灯、八宝灯、八角灯、西瓜灯、白菜灯……几十种类型。二人台
《观灯》对灯展做了详细的介绍。农村没有观灯的条件，但家家户户院子
里、大门外，会灯笼高高挂起，彻夜通明。

▲府谷县元宵节传统节目"二人台"表演。
马子亮　摄

　　府谷人过正月十五没有固定的吃食，不像八月十五吃月饼，端午吃粽子那样。糕、豆面是多数人家的吃食。糕谐音"高"，寓意"老人高寿，孩子读书高中，上班人拿高工资"。豆面条长，寓意"老人长寿，幸福长久"。也有吃糕圐圙，象征圆满。

　　年年元宵节，节目重复演，百看不厌，就是图个吉利，图个热闹，图个圆满。

◄旱船等表演。
马子亮　摄

▲欢闹元宵节，摄于 1999 年。
　马子亮　摄

◀闹秧歌，摄于 1999 年。
　马子亮　摄

∨ 转火笼。

马子亮 摄

第二篇

民兵号角

民兵和民兵组织
是一支重要的军事力量
号角声响起
战斗在不同的战场上

撰稿：魏二保

　　府谷的民兵组织可以追溯到土地革命时期，那时共产党神府地下党组织为了创建神府革命根据地，组织群众武装建立了赤卫队。赤卫队主要任务是筹措军粮，支援与配合红军作战。抗日战争时期，为了适应抗战形势需要，赤卫队改为抗日自卫军，作为抗日的后备军。解放战争时期，自卫军改称民兵，主要任务：一是配合部队作战，二是维护社会治安，三是参军参战。赤卫队、自卫军是民兵的前身，它们都是群众性人民武装组织。

　　1948 年 1 月 18 日，府谷县全境解放。在中共府谷县委的领导下，从县城到基层，系统地组建完善了不脱离生产和工作的群众性人民武装组织——民兵组织。

▶ 府谷县女民兵进行军事训练的场景。

马子亮　摄

▲府谷县哈镇人民公社民兵进行冬季集中训练的场景。

韩宽厚　提供

府谷县原古城乡党委书记、退休干部张昌回忆说：

1948年府谷全境解放后，民兵工作的重点是保卫新生政权。当时，各乡政府组织民兵巡查，关键路口设岗放哨，防止坏人破坏。同时对一些吸食鸦片者、聚众赌博者进行暗查，严重违反者由民兵带到乡政府进行处理。当时民兵为维护新政权和社会治安作出了贡献。

1951年5月16日，中央军委发布了《关于加强民兵建设的指示》，提出实行"普遍民兵制度"，规定凡年满18至30岁的男性公民，身体无残疾、无精神病者均有义务参加民兵。当年，府谷县人民武装部对全县民兵组织进行了普遍整顿，建立健全了基干民兵和普通民兵的组织机构。1952年，全县16个乡共计有民兵5686人，其中基干民兵1619人，普通民兵4067人。

1958年8月，中共中央作出《关于民兵问题的决定》。根据上级指示，府谷县成立民兵师，民兵师下设8个团，1个直属营。到当年年底，全县有民兵团8个，民兵营27个，民兵连473个。

▲ 府谷县哈镇武装基干民兵在训练休息期间学习毛泽东著作。

马子亮　摄

▲ 1970 年，府谷中学一连一排（初中一班）学生合影。从1965 年起，府谷中学将学生编为连、排，进行军事训练。
高小定 提供

1962 年 6 月，毛主席指示："民兵工作要做到组织落实、政治落实、军事落实。"为了贯彻好"三落实"指示，促进民兵工作健康发展，中共府谷县委对民兵进行了整组。到 1963 年 6 月，全县有民兵 37680 人，民兵营 5 个，民兵连 200 个，民兵排 1138 个，其中，达到"三落实"的民兵连有 47 个。

1958 年之前，由于民兵武器种类单一，加之教学设备缺乏，主要训练队列、步枪射击、手榴弹投掷，以及利用地形地物卧倒、起立、跃进、爬行等战斗动作。从 1964 年开始，逐步把民兵训练的重点转移到民兵干部和基干民兵上，要求他们会打枪、会投弹、会利用地形地物、会站岗放哨、会防空。在民兵中还普遍开展了神枪手、神炮手、技术能手的"三手"训练。

值得一提的是，1965 年府谷中学将学生编为连、排进行军事训练。由县武装部派出教练，教队列、教刺杀、教射击、教投弹，当时的民兵训练工作已深入到厂矿和学校。

▲ 府谷县武装基干民兵参加农田基建活动。
马子亮　摄

　　民兵也是生产和经济建设的主力军。20 世纪 50 年代末，人民公社大搞农田水利建设，民兵是主要劳动力。

　　78 岁老人乔偏回忆说：

　　从 1958 年开始，全县有好几个人民公社筑坝修水库。古城人民公社有保洞沟水库，黄甫公社有月儿沟水库，木瓜公社有柳沟水库。我参

▲府谷县民兵进行射击训练。
马子亮 摄

加了古城人民公社保洞沟水库的建设。当时参加修筑水库的主力军是民兵。工地将民兵编成了连和排，每天起床、吃饭、出工、收工、睡觉完全听军号声，像军营里生活一样。人们用木轮车推土，用石夯夯土，一个水库几百号人的劳动场面非常壮观。工地经常开展排与排、连与连的劳动竞赛，大家你追我赶，争做劳动模范。

　　1966 年"文革"开始至 1968 年初，府谷县民兵组织处于瘫痪状态。1969 年，全县普遍进行了战备教育，整顿组建民兵团 23 个、民兵连 335 个、民兵排 1099 个，有民兵 41530 人。

　　1968 年，国家修筑一条国防战备公路，从山西北部阳方口途经府谷至内蒙古伊金霍洛旗新街，全长 372 公里，府谷至店塔段长 59 公里。府谷境内工程由府谷县负责完成。

　　退休干部、原黄甫公社基干民兵王引泉回忆说：

　　那时府谷县革命委员会根据各人民公社人口多少，抽调基干民兵。从黄甫人民公社抽调了 150 人。民兵自带被褥，口粮由生产队提供，国家还补助一部分，出勤由所在生产队记工分。能参加民兵，特别是基干民兵，支援国家道路建设，是一件光荣的事，青年们都积极报名参加。整段国防公路，最难啃的是转龙湾到孤山段和新民地界川段，黄甫人民公社民兵被分配到了新民地界川段。那里乱石林立，工程量大。民兵都是 20 岁左右的小伙子，大家不怕吃苦，也不怕危险，钻炮眼，搬运石块，虽然很累，但无怨言。国防公路府谷段整整修了三年，全线才顺利贯通。国防公路的建成为人们的出行提供了方便，节省了时间，为后来西煤东运和府谷经济发展发挥了重要作用。

韩宽厚　提供　府谷县哈镇人民公社民兵参加生产劳动的场景。

▲ 府谷县墙头人民公社前园子生产大队女民兵演习时的场景。

马子亮 摄

据《府谷县军事志》记载，1973年麻镇人民公社坪伦墩大队民兵连完成了魏家畔沟大坝的修建。碛塄人民公社傅家坪民兵排修成了一座管道长203米、高103米的"小高抽"（小型高扬程抽水站），可灌溉田地60亩。城关人民公社前石畔民兵连发挥生产中的骨干带头作用，推倒了三道梁，填平了两条沟，新修水地230亩。1970年以前，前石畔大队生产落后，群众生活艰苦。从张侯华担任民兵连长后，民兵处处起带头作用，脏活累活抢着干，经过几年艰苦奋斗，改变了生产条件，改善了群众生活。

原前石畔民兵连连长张侯华回忆说：

前石畔抓民兵工作抓得实，通过抓民兵工作，带动前石畔生产大队的经济工作。前石畔村办水泥厂、砖瓦厂、黄河旅社等企业，其中的核心力量就是民兵。

府谷县城关人民公社前石畔大队民兵连大搞军事训练，加强备战工作。

榆林日报社、榆林市政协文史委　提供

府谷县城关人民公社前石畔大队女子民兵连开展练武活动。

马子亮 摄

▲ 1973 年 11 月 4 日，府谷县古城人民公社出席县第四次民兵代表大会合影。

张增荣（前排左三） 提供

▲ 1978 年 3 月 7 日，府谷县哈镇人民公社武装基干民兵连参加全县武装基干民兵比武合影。

　石治宽（三排左三） 提供

大会授奖单位个人合影 一九八三廿九

◀ 1978年3月29日，榆林地区民兵工作"三落实"先进单位、个人代表大会授奖单位及个人合影。府谷县张侯华（前排左八）、杨玉娥（前排左九）等人荣获奖励。

马子亮　提供

　　民兵军事训练，是民兵工作的重要内容，据《府谷县军事志》记载，从 1952 年开始，以乡、村为单位，对民兵进行一年一度的军事训练，主要是采取小型、就地、分散、业余的方法，对民兵进行冬训。训练对象既有基干民兵，又有普通民兵。1958 年实行"全民皆兵"和大办民兵师后，集训对象主要是武装基干民兵和重点乡镇的基干民兵。

　　1970 年，遵照毛泽东"全党都要注重战争、学习军事、准备打仗"的指示，府谷县民兵组织得到较大发展，有民兵44751 人，其中基干民兵 24223 人，武装基干民兵 2533 人。20 世纪 70 年代是府谷历史上民兵工作搞得最活跃的时期，民兵人数多，出现了真枪实弹的军事训练。

马子亮　摄

▶ 府谷县民兵在黄河边演习射击。

▲ 1977年3月11日，墙头人民公社武装基干民兵连拉练留影。

张增荣（前排右五）提供

退休干部张增荣回忆说：

　　上世纪60年代中期到80年代末，我先后在古城、墙头等人民公社搞武干工作。后来，虽然担任了公社领导，但一直没有脱离分管民兵工作。当时，根据上级要求，18岁至35岁的男女青年，除家庭成分高、残疾外，大部分都要求加入民兵组织，接受训练。一般是县上以片集中训练民兵干部，再由受训民兵干部具体组织各人民公社的民兵训练。每年不少于一次，一次7到10天，尤其是70年代，民兵训练抓得最紧。每年训练的科目也不一样，如1976年对全县民兵连长、武装基干排长、反坦克班班长，共计225人进行了一次集训。训练科目是射击、打坦克、刺杀、投弹爆破等。1979年的训练科目增加了"三防"、夜间射击等新内容。

从中华人民共和国成立之初至 1982 年，全县共召开 6 次民兵代表会议。各个时期，根据党的政策，开展多种形式的思想政治工作，努力提高民兵的政治素质。如 20 世纪 70 年代初，府谷县委领导、县武装部负责人，经常深入基层，亲自抓民兵工作。

时任前石畔民兵连连长张侯华回忆说：

　　70年代初，雷步洲同志任府谷县委书记兼府谷县武装部第一政委时，多次来前石畔村指导民兵工作。与民兵交谈，观看民兵射击、刺杀等多项演练，对大家鼓舞很大。县人民武装部部长郑西城多次来前石畔手把手教民兵射击、投弹。前石畔是当时府谷县委领导和县人武部领导抓的点，前石畔的民兵没有辜负上级领导的关心和希望，多次被评为省、地、县民兵先进连。

▲ 时任中共府谷县委书记、人武部政委雷步洲（前）指导前石畔民兵训练。
马子亮　摄

▶ 府谷县城关人民公社前石畔民兵连连长张侯华由共青团中央授予"新长征突击手"荣誉称号。
马子亮　摄

▲府谷县城关人民公社前石畔生产大队民兵学习毛主席最新指示。
马子亮　摄

退休干部、原城关镇前石畔民兵连副连长杨玉娥回忆说：

　　1974 年，城关人民公社前石畔大队民兵连被树为府谷县民兵工作"三落实"先进连队标兵。1977 年第五届民兵代表会议后评出"三落实"较好的连队有墙头大队民兵连、田家寨人民公社张家圪崂民兵连、府谷水泥厂民兵连、孤山人民公社房塔民兵连等八个连，府谷县委作出了《向前石畔民兵连学习的决定》。1978 年，前石畔民兵连被陕西省军区授予民兵工作"三落实"标兵连队，连长张侯华被评为全省民兵工作先进个人。1978 年，我和张侯华连长一起出席了榆林地区民兵工作"三落实"先进单位先进个人代表大会。1983 年，前石畔民兵连出席了兰州军区"共建民兵之家"表彰大会，被树立为兴办"青年民兵之家"先进单位，并授予锦旗。张侯华曾被省、地、县树立为模范民兵连长和全省民兵连长标兵，被团中央授予"新长征突击手"光荣称号。1989 年 11 月，前石畔民兵连连长张侯华荣获国防部授予的民兵预备役先进工作者称号。

▲ 府谷县城关人民公社前石畔生产大队女民兵进行军事演习。
杨玉娥（右一）曾担任城关人民公社前石畔民兵连副连长，
多次被地、县表彰。
马子亮　摄

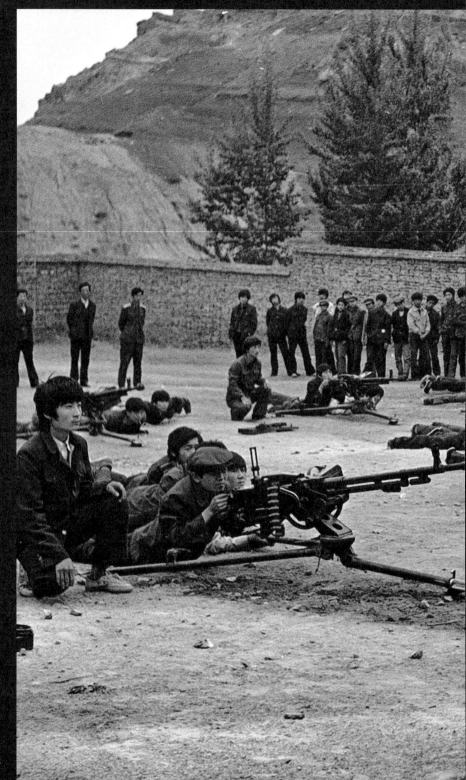

府谷县武装部民兵训练的场景。

马子亮　摄

1980 年后，民兵组织进行了调整压缩，1986 年民兵整组结束后，全县共有民兵 17878 人，民兵营 5 个、连 28 个、排 114 个。

第三篇

知青岁月

知青岁月的点点滴滴

留给那一代青年的

是刻骨铭心的记忆

也为那个时代

留下了深深的印记

撰稿：康文慧

府谷县组织了隆重的知青下乡欢送仪式。
约拍摄于 1971 年。

马子亮 摄

1966 年"文化大革命"开始后,"读书无用论"盛行,大学停办,不招生,国家教育体系遭到巨大破坏。

到了 1968 年,初高中"老三届"一齐毕业,离开学校到了社会。当时,大学已经不招生,工厂不招工,吸纳就业的岗位十分有限。

1968 年 12 月,毛泽东发出"知识青年到农村去,接受贫下中农再教育"的号召,全国立即掀起知青上山下乡的高潮。各地在很短的时间里,城市初高中毕业生被下放到农村、生产建设兵团或农场。

1968 年,府谷县革命委员会成立"府谷县革命委员会政工组下放分配组",专门负责知青下乡插队的宣传动员、组织安排、下乡接送、日常管理等工作。该机构名称一直沿用至 1973 年底,1974 年改称"知识青年上山下乡领导小组办公室",简称"知青办"。至 1982 年机构撤销,前后历经 13 年时间。

经过一个月的宣传动员、组织安排,1968 年 12 月,全县首批 100多名知青被安排在 11 个生产队插队,县上组织了隆重的欢送仪式,然后派大卡车送到各公社的知青点上。

▲1968 年 11 月 20 日，府谷中学"老三届"毕业生合影。
　苏亮梅　提供

首批插队知青、府谷县财政局原副局长刘济说:

我是响应号召第一批去农村插队的知青。县上先进行了宣传动员,我们报了名,当时就是那么个政策,必须得去,不去不行。实际上内心都不想去,谁也不愿意去当一辈子农民,因为谁也不知道什么时候能回城,对前途都很失望,也很迷惘。我们100多名"老三届"毕业生分在全县11个生产队,我分在古城人民公社油坊坪队。走的时候,县上举行了欢送会,敲锣打鼓送知青,然后坐上大卡车,每人拿一捆行李,一路颠簸,沿途经过知青点就下去几个,最后剩下我们这些离城最远的。

当年,我和侯牛、王玉宝、李安平、康振荣在油房坪插队,我们五个劳动、吃住都在一块,像亲兄弟一样,还排了行,我是老三。刚走出学校,最愁的事就是做饭,虽说那时的饭菜简单,但几个毛头小伙子却都宁愿干其他重体力活也不想做饭。尽管如此,我们也从未因做饭发生过不愉快的事,倒是做饭为我们的插队生活增添了不少乐趣。

　　插队那阵子，我们劳动个个都很棒，年轻人有蛮劲。

　　到农村第一年，我们的工分都能挣到九分，第二年就增至十分。一年下来，我们的自留地种的糜子亩产量居全村第一。丰收的原因很简单——不怕脏、不怕累，多多利用了学校的大粪。我们在学校住。常听说，下乡插队是勒紧裤带过日子，可我们却没觉得饿，五个小伙子的工分一年累计，分下的粮食足够吃。尽管大都是玉米、高粱，但总能填饱肚子，另外，我们和当地农民一样也喂一头猪，这在全县知青队伍里是仅有的。要说起干活来，最让村民们惊叹的是黑夜去内蒙古买一袋黑市化肥，来回跑六十公里路，天没亮就背回来了；院中打的山药（土豆）窖深得一般人下去就很难独自上来。

　　在农村插队几年中，我们和农民打成一片，有真正邻里之间的和睦。他们总是习惯地、友好地叫我们——青年。出地时，他们总有人吼："哎——青年们，出地喽！"收工时，婆姨们总是吼："哎——青年们，回家做饭喽！"

▲ 府谷县知青一同出地干活的场景。
　刘青梅　提供

心潮逐浪高！69.9.15于段寨

1969 年 9 月 15 日，府谷县
首批知青与电影放映员在段寨
合影。
吴外牛（后排左二）提供

府谷县知青在田间地头学习。
刘青梅（左二）提供

原府谷县电大干部高照霞1968年12月至1971年4月插队于黄甫太家沟村。她回忆说：

我被分到黄甫太家沟村插队。那年我17岁。

插队时没有什么书读，只有一本《毛主席语录》。每天的学习就是面对着毛主席画像默诵语录，天天重复。记得有一次，我们几个知青背语录，突然闻到一股烧焦味，味越来越呛，心里都知道锅里蒸的玉米馍水干了，就是没人敢吱声。直到语录背完跑过去一看，馍黑不说，连锅盖也烧了一块。

村子给我们分了自留地。每天鸡一叫我就起床了，摸黑开始烧水做饭，喝上碗萝卜粥，偶尔还有烧糊的黑豆稀饭，不等天微微亮，就和农民一起下地了。刚开始，腰酸背疼，胳膊困得抬不起。没几天就习惯了。在地里，我总是拼命干活，生怕落在别人的后头。有不会的，就虚心向农民请教，他们也乐意指拨。一年下来，我的工分在女劳力中最高，尽管只有五分半。头一年，公家每月补发45斤粮，大多是玉米，只有四五斤白面，吃时还得节省。确实，一个知青就像一家农户。

▲ 1971 年 5 月 15 日，古城公社罗家沟大队知青参加
"毛泽东思想活学活用讲用会"合影。
高照霞（前排左二）提供

▲ 1978 年 6 月 7 日，府谷县赵石窑生产队知青合影。

史建英（前排左三）提供

▲ 1977 年 5 月 11 日，府谷县花石峁支部知青组合影留念。
陈美云（二排右二）提供

◀ 府谷县城关人民公社前石畔生产队团支部书
记张侯华向村里插队的知青传达全国团代会
精神，张侯华作为代表曾出席了此次会议。
马子亮　摄

知识青年到了农村插队落户，客观上把知识、文化和城市的文明生活方式也带到了农村，给农村输入了新鲜的血液。他们中的一部分人当上了民办教师和赤脚医生，用学到的知识为当地群众服务。落户以后，他们和农民没有区别，一样劳动、一样种地、一样分粮，唯一不同的就是他们的生活相对于普通农民来说要好许多，至少不用饿肚子。因为他们年轻力壮，挣的工分管够，能分到足够的口粮，又没有家口拖累。

▲1976年1月，府谷县上山下乡知青代表参加府谷县群英会合影。

杨荷仙（左二）提供

∧ 府谷县知青杨荷仙在孤山人民公社房塔生产队插队时喂猪的劳
　动场景。杨荷仙是全县上山下乡知青的先进典型，曾多次获得
　省、地区和县上的表彰奖励。
　杨荷仙　提供

府谷县林业系统退休干部杨荷仙回忆说：

1973年4月，响应毛主席的号召到孤山公社房塔大队插队落户，直到1978年1月离开那里，将近5年时间。刚开始我什么都不会做，慢慢地在老乡的指导下学会了不少农活。我积极上进，曾一天往返100多里进城为队里买机器零件，保证了抗旱浇水不误事，也曾在劳力紧缺时主动要求到煤窑建设工地干活，打破了当地女人不能上窑干活的传统习俗。后来，由我们两个女知青给生产队喂猪，最多时有30多头，我们既要割猪草，又要砍柴，又要担水，还要烧火，煮食喂猪。冬天母猪下猪崽，彻夜守在猪圈，等小猪生下来，害怕冻坏，把它们一个个抱回我们住的房子里。当时确实很辛苦，但我还是坚持下来了，几次把回城、上大学的指标让给知青战友，直到最后一个离开农村。插队期间，先后受到县上、地区和省上的表彰奖励。在农村插队时，我亲身体会了农村的艰苦和农民的辛苦，在农民身上学到了许多东西，和村里的老乡建立了深厚的友谊，至今仍保持联系和交往，常回去看望乡亲们，老队干去世，我还回去祭奠了。现在回过头看，在农村最大的收获是得到了很好的锻炼，磨炼了思想和意志，养成了吃苦耐劳、勤俭节约的品质，受益终生。知青上山下乡是一个时代的产物，我们刚好赶上了，我们火热的青春岁月挥洒在广阔的农村，留下了刻骨铭心的记忆。

府谷县插队知青与生产队干部一起学习。当时，孤山人民公社房塔生产队是府谷县的先进典型，队长吕富恩（右四）被评为陕西省劳动模范。

刘青梅　提供

1978年12月8日，府谷县前石畔大队插队知青合影。 张晓萍（前排中）提供

原空军工程大学教授刘振霞回忆起短暂的知青生活时说：

1978年9月，我高中毕业后响应国家号召，只身来到海则庙公社插队落户，当年12月就应征入伍了。知青生活短短三个月。四十多年过去了，我对当时住的窑洞仍魂牵梦萦。

村支书安排我和两个回乡知青姐姐同住在村子里的一个土窑洞里。窑洞是在黄土高坡的断崖处掘入的一个洞穴，很小。窑口窗棂上糊着白色麻纸，白天时，阳光穿过麻纸，窑洞里便透着些许明亮。窑外没有院落围墙，一条羊肠小道从窑门口弯弯曲曲通向我上工的地方。我们的窑洞虽狭小简陋，却不失女孩的温馨整洁。一盘土炕连着三面墙占据了整个窑洞的一半。进门左边有一个长方形的高腿课桌，一块印花塑料布覆盖在上面，遮掩了桌子的破旧。桌子上面齐齐整整码了全套的高中数理化课本。一张贴在课桌上方的作息时间表和学习计划，提醒我们不忘复习，准备来年再参加高考。连着土炕贴右边墙的是一个灶台，灶台上前后安置着一大一小两个铁锅，大的那个铁锅用泥巴封嵌在灶台上不能移动，小的那个铁锅可端起落下，圆圆的锅盖是用当年新玉米秸秆缝绑切制而成的，白白净净透着禾香。与灶台隔一两尺距离的地方，立着两个乌黑发亮的陶瓷大缸，一个用来盛水，一个放置粮食。盛水的那个缸口用一块擀面切菜的案板盖着。盛粮食的缸口上放置了一个高粱秸秆编织的笸箩，笸箩里摞着碗碟和勺筷。

进入冬天后的陕北，食材单一，做饭也就简单。我记得我们吃得最多的就是将土豆擦成丝，倒入沸水锅中，然后盛半碗面粉，淋入少许凉水用筷子搅拌，打成一个个细碎的面疙瘩倒入锅中，煮熟起锅，再然后烧一小铜勺胡麻油，炝到锅里，随着"嗞啦"一声脆响，喷鼻浓香的味道便瞬间在满窑里弥散开来，一锅热腾腾的土豆丝疙瘩汤便做好了。陕北的大土豆又沙又面，老乡家自磨的胡麻油又香又鲜，让我百吃不厌，直到今日还时常想起那个味儿来。

据不完全统计，1968 至 1978 年十年间，全县共有 880 名青年学生先后到农村插队落户（包括政策落实承认的和外地转来的）。其中，属于本县知青部门动员下乡的 831 人，分别安置在 22 个人民公社 48 个大队的 85 个生产队。知青上山下乡开始后，中央、省、地、县各级都成立了管理机构，并有专门的经费用于知青的建房、三具购置、宣传、学习、业务、生活等方面。据统计，1968 至 1981 年底，地区给我县拨付知青经费 477210 元，其中支出建房费 94058 元，修建房屋 338 间；三具费 52801 元；宣传费 7916 元；学习费 15375.46 元；业务费 15094.52 元；生活费 111003 元。

1978 年 12 月，中央根据形势的发展和上山下乡中存在的问题，对上山下乡的政策作了必要的调整，缩小了上山下乡的范围，改变了过去的做法。决定"今后不再搞这样的上山下乡"，把"知识青年接受再教育"的政治运动转到劳动就业的正常轨道上。随后省、地、县也对上山下乡政策作了必要调整。至 1981 年 8 月，陕西省劳动就业领导小组会议决定将全省在乡知青全部迁转回城，我县的在乡知青也全部转回城镇。

▲ 1980 年 11 月 17 日，府谷县上山下乡知识青年代表座谈会合影。
　　陈霞　提供

原府谷县矿管办支部书记刘军锋 1977 年到古城人民公社园子湾大队插队。至今他仍保存着一份当年生产队会计给他列的分粮清单:

刘军锋 1978 年劳动日 101.7 个,合洋 30.51 元。支分实物折价:小麦 14.3 斤价 1.93 元,豌豆 1 斤价 0.12 元,糜子 195.4 斤价 18.56 元,荞子 58 斤价 4.35 元,玉米 170 斤价 15.64 元,红果子 5 斤价 0.88 元,黑豆 1.4 斤价 0.26 元,山药 100 斤价 3.00 元,海红子 7 斤价 0.70 元,枣儿 3 斤价 0.30 元,萝卜 21 斤价 0.21 元,牛肉 2.8 斤价 1.68 元,共折价 47.63 元,收回古城转粮款 17.81 元,下余折价 29.82 元,相顶过存款 0.69 元。超支队内糜子 38.4 斤价以原价算了。

收到这份清单时,他已经考上大学离开了农村。如今,这份清单已经成为他的珍藏,作为对那段短暂的知青岁月的永久纪念。

◀ 1975 年 8 月 1 日,出席榆林地区上山下乡知识青年积极分子代表大会府谷代表团合影。
高小定(后排右三) 提供

府谷县老干部服务管理局退休干部谢焕荣说：

我1977年到阳瓦生产队插队，1979年返城，长达两年半，比同期知青早回来半年。农村确实很艰苦，我们这些刚出校门的青年学生，经受了前所未有的艰苦磨炼，吃了不少苦，了解了底层生活的艰辛。我们当时的心情是苦闷的，感到没有前途，没有希望。当然，任何事物都有两面性，农村锻炼也磨炼意志，养成了吃苦耐劳的精神，客观上培养锻炼了一批能吃苦、敢作为、有担当的人，为后来的改革开放各行各业积攒了一批人才。

虽然每个人插队时间长短不一，最短的一年时间，最长的五年，每一个城里来的青年，尽管内心深处有许多不愿和不甘，但是在行动上却做到了满怀豪情，响应号召，服从组织，插队落户，经受了前所未有的艰苦锻炼和考验，在下乡劳动中提高了思想觉悟和实践能力。他们向群众学习生产技术，积极参加生产劳动和科学实验活动，为改变我县农村落后面貌、发展农业生产、创造社会财富作出了自己的贡献。在农村文化、教育、卫生等各项工作中发挥了一定的作用，涌现出一批埋头苦干、关心群众、热爱集体、全心全意为人民服务的好青年和很多比较好的知青小组。13 年间，先后受到省、地、县表彰奖励的先进集体有 10 个，先进知青 51 人。下乡知青中入党的有 103 人，入团的 512 人，提拔领导干部的 5 人，担任基层干部、会计、保管员、记工员、赤脚医生、民办教师等各项工作的就更多。

经过几年的劳动锻炼之后，广大知识青年走上了不同的学习、劳动和工作岗位。据统计，升学的有 20 人，参军的 41 人，招工的 768 人，招干的 15 人。

◀ 1981 年 8 月 30 日，府谷县知识青
　年上山下乡回城合影，是年张富厚担
　任府谷县知青办主任。
　张富厚（二排中）提供

第四篇

府谷中学

回首来时路

白云深几重

府谷中学创建后

栉风沐雨，薪火相传

承载着莘莘学子的梦想

一路向前

撰稿：刘丽 张云

影留念　一九五六年八月二十七日

◀ 1956 年 8 月 27 日，府谷
中学开学典礼摄影留念，
第一届招生只招初中生，
共 120 人，分甲、乙两班。
神木市档案馆、榆林市政协
文史委　提供

府谷中学，人们习惯称为府中。

府谷中学建校于 1956 年 8 月，是新中国成立后府谷第一所县办初级中学。

建校伊始，由副校长李靖彦主持学校工作，共有教职工 9 人，教师由榆林地区、关中等地选调而来。第一届招生只招初中生，共 120 人，设甲、乙两班。学制三年，开设语文、代数、几何、物理、化学、植物、动物、卫生常识等十几门课程，其中语文分为汉语和文学。政治以学《中华人民共和国宪法》为主，同年又增设工农业基础知识课。

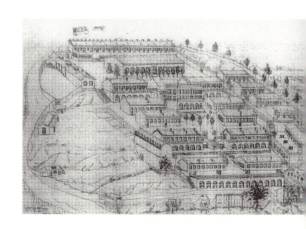

▲ 手绘全景图（20 世纪 80 年代初校貌）。
张荣先 绘 府谷中学校史馆 提供

◄ 早期校舍，约拍摄于 1956 年前后。　　　▼ 操场。

府谷中学校史馆　提供　　　　　　　　　马子亮　摄

　　原府谷县教研室副主任张育丰是府谷中学第一批入学的学生。他回忆说：

　　府中第一批招生"阵仗"很大。1956年7月，县上成立招生委员会，县长兼任主任。学校招生工作在县招生委员会领导下进行。7月22日，在南门外城关小学统一考试，考试科目为语文和算术。通过考试择优录取新生120名，8月25日正式开学。

　　学校新建，没灶房，就在孙家大院开伙，水灶在校园"二斋"挖开一个洞安一口大锅，烧洗脸水。师生宿舍烧火炕，大通铺挤五六人。当时府谷还未通上电，教室里点着汽灯，每晚都需要打气。操场是师生一起动手清除李家坟的杂草野树，开辟出的一块平展场地。学校是边上课边兴建，每天早晨师生都要到新窑渠砖窑去背砖。东山上就有学生自己作业的土坯场。即使上课期间，工地上没坯子了，大喇叭一响，师生停课全去搬砖。那时，执行中央勤工俭学、教育和生产劳动相结合的教育方针，学校还办起了土坯场、粉笔厂、缝纫组、照相组等。

　　在府中念书设有奖学金，分为甲乙丙丁四等，每月分别补贴八块、六块半、五块和三块半。甲等乙等一般评不上，主要是给军烈属和无依无靠的学生设的，我多拿丙等，每月五块伙食费基本够了，没受饿。

> 府谷中学建校伊始，学校积极组织动员全体师生参与建校劳动。图为学生与建筑工人一同作业现场。
府谷中学校史馆　提供

府谷中学的兴建，是当时县委、县政府大力发展教育事业的重要举措。筹建工作从 1955 年初开始，经过多方勘察，最后由县政府批准，将校址定在新窑渠的荒坡上。1955 年 3 月破土动工，1956 年 7 月底竣工。总建筑面积 1693 平方米，包括教室 6 座（18 间）、窑洞 16 孔、平房 16 间。国家投资 6 万元。

▲ 1959 年 7 月 8 日，神木县第二中学（府谷中学）初秋五九届毕业留影。

府谷中学校史馆　提供

　　1960 年学校开设高中班，成为一所完全中学，首届高中班只招收
一个班。后因府谷遭受严重旱灾，群众生活极其困难，学生陆续辍学。
到了 1963 年高中毕业班只剩 26 名学生。

　　需要说明的是，1959 年，府谷县与神木县合并后，府谷中学更名
为"神木县第二中学"。1961 年，恢复府谷县建制，学校再次更名为
"府谷中学"。

右为赵喜荣，是府谷中学向高等院校输送的第一个大学生。中为府谷中学主持工作的副校长李靖彦，渭南人。左为同班同学杨艳荣，班里唯一的党员。照片约拍摄于 1960 年初。

1963 年，在全国高等学校统一招生考试中，赵喜荣被陕西师范大学物理系录取，他是府谷中学向高等院校输送的第一个大学生。

赵喜荣曾担任过府谷县人大常委会主任。他回忆起府中生活，感慨道：

我在府中读完初中和高中，整六年。当时正是全国掀起轰轰烈烈的社会主义建设的火红年代，学校整体氛围就是努力学习，积极劳动，争当先进。我印象最深的不是学习，而是劳动和体育锻炼。

当时国家有"勤工俭学""半工半读"的口号，1958 年，学校把劳动课正式列入教学计划，每周安排两节。师生每天都要参加建校劳动或校地劳动。建校劳动主要是去新窑渠砖厂搬砖，学生每人背四五块、十来块不等，班主任老师李鸿有一次背了二十八块砖。若工地需要，男生也会去当小工递砖块、和砂灰、提灰包，我多次被分配到大礼堂屋顶提灰包。校地劳动主要是给学校种的地翻耕、锄草、追肥，最脏的活是给蔬菜追肥，淘粪、担粪、泼粪，男女同学都能干，不戴口罩，不戴手套，糊身上也不在乎。劳动最光荣，让干啥就干啥，都不怕脏不怕累，保证完成任务。此外，我们还到碛塄给学校背过山药，到傅崖窑背过炭，一路全是羊肠小道，也帮生产队抢收过庄稼，"大跃进"炼过钢铁。

府中虽是新建学校，校舍建设、教学设备、师资配备在当时都是高标准的。特别是体育器材种类齐全，篮球架、排球网、单双杠、铅球、铁饼、标枪、手榴弹、跳箱、鞍马、平衡木、高低杠、棒球等，应有尽有。当时全国提倡学校大力开展体育运动，称为劳动卫国制，简称劳卫制。分三个等级，达标者发证章，不达标即是不及格，一度师生锻炼气氛空前高涨。1958 年学校还举行了规模宏大、门类齐全的运动会，除常规的田径项目外，还有艺术体操表演等高难度项目。

◀ 府谷中学校园全景。拍摄于 1959 年。

贾宪伟 提供

∧跳远。   ♥单杠。

∧跨栏。　　　∨鞍马。

本版图片 马子亮 摄

府谷中学建校三年间，在资金短缺的情况下，学校组织全校师生积极参加建校劳动，其间修建教室8座，窑洞25孔，平房84间，大礼堂、图书楼各一座，建筑面积达3473平方米，基本构成了府谷中学校园的大致格局。校园依山而建，梯次而上，共四层院落，一时被风雅地称为"四斋"，后期学校又在操场边增修一排房舍，便成"五斋"。

▲ 1958年冬，府谷中学第一届即将毕业的学生王瑞参军，老父亲从一百里外步行赶来送儿子入伍留影。（背景是府中"三斋"院花园，远处是"四斋"的礼堂。）

韩宽厚　提供

▲ 1961年8月，府谷中学教职工欢送郭生英、李鸿有、常登元、王嘉玉、张惠灵、赵启荣、樊炳、韩仲明合影。（背景中间是"三斋"新建起的图书楼，一楼为教师课间休息室，二楼为图书馆，三楼为会议室。）

韩宽厚　提供

鸿有、常登元、王嘉玉、张惠灵、赵启荣、樊　炳、韩仲明留念 61.8.

　　1957年府谷中学任课教师增至8人，至1959年已有教职工45人，其中任课教师36人，主要以外地教师为主。这一时期，由于受全国"左"倾思潮影响，学校开展了批判"反动学术权威"、反右倾斗争等群众运动，严重伤害了教师的感情。此外，教师和学生参加劳动过多，忽视了课堂教学，正常的教学秩序被打乱，课堂教学质量下降。

　　从 1961 年起，府谷中学对本校教育教学工作进行了调整，强化了课堂教学，提出"向 45 分钟要质量"的口号，教学质量有了很大提升，学校升学率猛增。其中，1964 年学校有赵瑞云、赵一农等 4 名学生被大学录取。1965 年府谷中学更是风光无限，高考时有赵宝峰、王生本等 9 名高中生被高等院校录取，占毕业生总数的 27%；有 39 名初中毕业生考入高中、中专，占比为 75%。优异成绩一时引起轰动，府谷中学享誉周边。

史义雄是"老府中人",读书3年,教书前后22年,后任副校长直至退休。他回忆说:

我1964年考入府中,这期间可以说是府中难能可贵的一个特殊时期。按国家教育方针要求,府中高中班执教的全是"清一色"的本科生,由关中、榆林地区等地调来,教学水平非常高,如张慧、王胜林、白瑰琪、徐才学老师等。初中执教教师也多数是专科生。"名师出高徒",府中的教学质量达到新的高峰。那时能考出个大学生如凤毛麟角,非常稀罕。

从上世纪50年代开始,一大批外地青年背井离乡,陆续来到府谷"支边"。他们年龄都在二十多岁,风华正茂,年轻有为。至70年代初,外地教师能占到府中教师的85%以上。而后随着形势变化,府中有33名外地教师相继调离,返回原籍。至20世纪80年代初,府中的外地教师就所剩无几了。那批外地教师扎根府谷,吃苦受累,为府谷的教育事业作出了不可磨灭的贡献,影响深远。

♥ 府谷中学组织师生参加府谷县举办的"闹元宵"传统文化活动。
府谷中学校史馆　提供

▶《梁秋燕》剧组人员合影。该剧是当时府谷中学排演最火的节目，多次参加全县公演及下乡演出。《梁秋燕》是一出农村青年男女反对封建买卖婚姻，为争取婚姻自由而斗争的现代戏。导演是府谷中学教师李致有。

府谷中学校史馆 提供

值得一提的是，府谷中学自建校以来，体育和文艺活动一直开展得很活跃。学校课外体育活动搞得热火朝天。每年举办大型运动会，参加各种省市体育赛事，且成绩优异，学生高金喜参加手球项目受到国家奖励。学校文艺活动也大放光彩。每逢重大节日和庆典，学校都要举行大型文艺晚会，每个教学班都出节目。学生苏巧巧等人演出的大型现代眉户剧《梁秋燕》在全县演出，轰动一时。在县上举办的歌咏比赛中，府谷中学的节目《要古巴，不要美国佬》，大获成功。

蹒跚起步，历尽艰辛，至1966年，府谷中学经过十年创业，已具规模。

▲ 1966 年 10 月 28 日，府谷教师集训会十六组革命同
志合影。"文革"初期，部分教师被下放到农村集训，
参加劳动改造。
贾宪伟（二排左四） 提供

▲ 1968 年 3 月 5 日，府谷中学学生欢送革命战友合影。照片上书写"革命方知北京近，造反倍觉主席亲"。
　马子亮　提供

　　1966 年进入"文革"，府谷中学的发展举步维艰。

　　"文革"伊始，学校上午上课，下午搞革命。课堂教学受到严重冲击，部分领导和教师受到批斗和迫害，学校秩序一片混乱，文化课被迫停止。11 月，"红卫兵"赴京接受毛主席检阅，并与各地学生进行"全国大串联"。

　　1967 年，学校全年停课。

1968年5月，府谷中学校革命委员会成立，学校工作由革委会主持。在校初中生、高中生同时被遣散，统一发放了毕业证，农村学生返回原籍地，城镇学生插队到农村，他们被称为知识青年。9月，根据毛泽东"学制要缩短"的指示，府谷中学在停止招生两年后，开始招收两年制初中班。开设课程以学毛泽东著作、数学为主，后又增加语文、化学等课。1969年8月，学校将高中和初中全由三年制改为两年制。

事实上，府谷中学从上世纪70年代初期就开始逐步恢复教学秩序，招收高中、初中班学生，学校学习氛围浓厚，被时人称为教育"大回潮"。这一时期的学生也成为恢复高考后考取大学的"主力军"。

➤ 1968年10月28日，新府中初秋六八届毕业合影。（背景为府谷中学建校大门，1960年建成，2008年被毁。门面上方"府谷中学"四字由教师郝明德书写，门面两边曾在不同时期书写过"团结紧张 严肃活泼""好好学习 天天向上""又红 又专""尊师 爱生"等标语。）
府谷中学校史馆 提供

"文革"期间，府谷中学曾先后开办过师范、机电、卫生、农机、兽医等专业班。学制一年，专业教师临时抽调卫校、兽医站、农机站、机械厂等相关单位的技术人员担任。在全县初高中毕业生中推荐、考试，录取，办过为期一年或半年的各类专业人才短训班，培养乡村教师，缓解基层学校教师紧缺状况。

◀ 1970 年 10 月 27 日，新府中农机班毕业合影。
府谷中学校史馆　提供

原延安大学化学化工学院院长王继武是府谷黄甫人，1971 年在府谷中学教师理化培训班学习。他回忆起这段求学经历时说：

"文革"期间，社会各项事业处于停滞、瘫痪状态，为了培养充实社会各阶层的实用人才，县上采用"短平快"方式开办一些短期培训班。我上的中师理化培训班，全班 45 名学生，学期共半年。当时，心里清楚念完书要回农村当教师，所以学习特别用功，起早贪黑，生怕肚里没墨教不了书。学校配备的教师非常拔尖，物理老师盛思慎、化学老师王慧明、数学老师姬宝顺等都是教学水平很高的老师，半年下来书本上的知识基本能吃通。毕业后被分配到黄甫红泥寨小学教了一年书，第二年以工农兵身份被推荐到西北大学化学工程系上了大学。

府谷县委宣传部原部长张乃仁和王继武是同班同学，也是府谷中学教师理化培训班学生，他回忆说：

我从府中毕业后，回到村里没教书，因为尧峁村不缺教师。村里安排我抽水、开拖拉机、记工分等，干一些轻活，享受知青待遇。1973 年，（大学）招生指标到县上，由人民公社推荐，县上统一考试，择优录取，我参加了这次招生考试，被延安大学物理系录取。当时县上分配的大学生指标共 32 个，有 96 人参加考试，三个里边选一个。

▲1971年7月27日,府谷县中学教师理化培训班全体学员合影。

　张乃仁(三排右三) 提供

府谷中学组织学生开展文体活动。

拍摄于 1981 年前后。

马子亮　摄

马子亮 摄

府谷中学大门，约拍摄于 1980 年代。

1977 年，恢复高考后，府谷中学进入了一个新的历史发展时期。

史义雄在回忆恢复全国高考后府谷中学的考试情景时说：

1977 年 11 月，全国高考中，府谷有 829 人走进考场，考场只有老师手里有一张考卷，老师在黑板上抄题，考生在下面答题，好在当时题量少，对考生的正常答题影响不大。考试为了保密，考生在答卷上不写名字，只在左下角处写密码，然后向里折叠数层。当年参加高考的，有府中在校生 267 人，其余为往届学生。高等院校录取了 36 名，府中在校生中只有樊顺厚一人考中。

学校在教学管理等方面进行了一系列重大调整。在教学方面，废除了"文革"中所实行的"基层推荐，学校录取"的招生办法，恢复了招生"统一考试，择优录取"的制度，控制高中招生规模。1978 年，府谷县革委会把府谷中学定为县办重点中学，不久又被榆林地区确定为全区 13 所重点中学之一。1980 年秋季，初中学制恢复为三年制。1983 年 8 月，高中学制恢复为三年制。

1981 至 1984 年，府谷中学为国家输送了合格的初高中毕业生 1521 名，其中有 88 名学生考入各类大学，有 181 名学生考入各类中等专业学校。

（参考资料：1996 版、2016 版《府谷中学校志》）

第五篇

黄河大桥

一桥飞架南北

天堑变通途

秦晋之好

将代代传承下去

撰稿：石治宽

1969 年国家从战备需要出发，计划在府谷—保德黄河段修建国防战备大桥，连通华北和西北的国防公路。当初按照编号为国防 07018 大桥，随着国家政策的调整，改称为府谷—保德黄河公路大桥，简称府保黄河大桥。随着黄河二桥的建成，府谷人又习惯称其为府谷黄河一桥。

府保黄河大桥西岸是府谷县县政府驻地府谷镇，东岸是保德县县政府驻地东关镇，基本位于两座县城的中心区域，至此，府谷城与保德城成为全中国距离最近的两座县城。

▶府保黄河大桥。
韩有文　摄

▼黄河大桥建设工地。
　韩有文　摄

大桥于 1970 年 4 月开工建设，1972 年 5 月建成，6 月 5 日正式通车。

工程由山西省公路设计院和山西省公路局科研室共同设计，由山西省交通厅、山西省忻州地区、陕西省榆林地区，以及山西省公路设计院、山西省公路局等有关单位组成工程指挥部，由山西省公路局第一工程大队、第三工程大队具体担任施工任务。陕西省的神木县、府谷县，山西省保德县、偏关县、河曲县、兴县征调 1300 多名民工参与建设。

桥身全长 639.08 米，共 15 孔。分主桥、引桥两部分，其中主桥长 366.66 米，单跨径 60 米的 5 孔，30 米的 2 孔，T 型钢筋混凝土结构。引桥 8 孔，长 272.42 米双曲拱结构。桥面标高海拔 822.5 米，一般距常水位 11 米左右，宽 9 米（其中行车道 7 米，两侧人行道各 1 米）。大桥是府保两县第一条横跨黄河的桥梁，先后为府（谷）新（伊旗新街）公路、包（头）府（谷）公路、府（谷）榆（林）公路的起点零公里处。

▲ 黄河大桥建成通车后，府谷、保德两县贸易频繁。

拍摄于 20 世纪 90 年代。

石治宽　提供

府谷县一侧桥头曾建有两个岗楼，由解放军站岗守卫。桥头北侧空地建有守桥部队营房，府谷县中队派出一个班的战士驻守，上世纪 80 年代裁撤。

大桥建成 50 年来，进行了多次维修。1995 年府保黄河大桥被鉴定为危桥，1998 年 5 月架通航管站与康家滩浮桥，1998 年 6 月至次年 7 月中断通行进行封闭维修（《府谷县志》）。

2017 年 8 月，由府谷县出资对黄河一桥路面进行维修。2020 年 4 月 15 日至 2020 年 9 月 30 日再次对府保黄河大桥进行全封闭加固改造。

历史上，府谷、保德近在咫尺却河隔两岸，交通极为不便。大桥修通之前行人、货物只能靠舟船往来。黄河摆渡是府谷借道山西通往北京、西安等地的重要通道。府谷及神木县沿河乡镇大量运进的日用杂货、生产生活物资和运出的农副产品都要通过保德渡河进出。黄河大桥通车以后，两岸可开车或步行往来，成为晋西北和陕北地区之间的重要通道，从此，"一桥飞架南北"，结束了黄河阻隔秦晋两省北部交通的历史。

　　府谷县政协常委张怀树在审校本文时写道：在府谷与保德之间修筑黄河大桥的设想，古人就曾经提出来甚至试图实施过。据乾隆年间的《府谷县志》记载，明朝弘治年间，延绥总制文贵上奏朝廷，提出在天桥修建黄河大桥，朝廷没有批复。到了正德十四年（1519），朝廷派都御史张桧负责筹建黄河大桥。张桧实地考察后，认为在天桥修建黄河大桥不具备条件，这件事就此作罢。桥址选在天桥，是因为天桥的河面最窄，跨度最小，最窄处只有四丈多，人称"八步天桥"，大约 14 米左右，但水流湍急，没法筑桥墩，以当时的施工技术和建筑材料，条件确实不够成熟。

▲ 黄河大桥建成后，极大地方便了府谷、保德两县群众往
来以及货物转运。照片约拍摄于 1980 年。
陈秉荣　提供

▲ 黄河大桥未建前，河运是府谷、保德两县群众来往贸易的运输途径。

韩有文　摄

刘广清，退休工人，府谷县川渡口刘姓的后代。他说：

我们祖上是来到府谷较早的先民，世代以河路为生，府谷县川过去就是依我家姓氏称为刘家川，渡口也名叫刘家会渡。我从记事起就跟随大人到船上玩耍和帮忙。那时候府谷、保德之间的河运相当繁盛，除每天定时两班的客运外，主要是来回运送货物，记得有盐碱、药材、烧炭和日用百货。大桥建成以后，府谷的河运受到了很大影响，渡船跑不成了，只能跑长河往下游的南乡运东西，随着沿河公路的修通，长河也没了生意，河运至此就消失了。但是大桥的建成整体上来说是造福两县人民的好事，方便了人们的出行，带动了两县的经济发展和市场繁荣。两个县城就像一个城市一样，遛个弯就成了出省游。好多老年人早上锻炼从大桥上走到保德桥头，顺便在那边就把菜买上了。还有一些人到保德吃猪头肉、猪蹄子、羊杂碎、肉碗饦等风味小吃。

▲ 黄河大桥建成通车当日，府谷、保德两县群众蜂拥而至。

韩有文 摄

刘喜福，麻镇刘家坪村人。曾参加过黄河大桥工程建设。他回忆说：

我是1971年受麻镇人民公社指派到黄河大桥工程当民工的，当时麻镇民工连约有大几十名民工。连部驻地先在城内的城隍庙，后搬到大南门外原党校旧址。我们吃住都在连部，一天两顿饭，主要以玉米面窝窝头和圆白菜汤为多，只有10%的细粮，十来天才能吃上一顿白面馒头。每天去工地，来回步行五六里路。当时主要是浇筑桥墩和预制件。搅拌机安在岸边河滩的空地上，我们用平板车拉上拌好的混凝土，倒在桥墩上，再推拉上震动器来回震动，手上、脚上全都是泥浆。特别是几部平板车同时走在浮桥上，晃晃荡荡眩晕得走不稳，常处于一种晕车状态。因为离驻地远，一个班8小时要连续上完，中途不吃饭，又困又饿，非常辛苦。当时的民工多数是十八九岁的年轻人，思想比较单纯，对能参加国家建设相当热心，特别是能亲自在黄河上建大桥，更是感到无比自豪，吃再大的苦，受再大的累，也没有一丝一毫的怨言。那个年代人们都有一种"下定决心，不怕牺牲，排除万难，去争取胜利"和"战天斗地"的意志和精神，回忆起来至今不能忘记。

苏保和，高石崖柳林碛村人。谈起大桥建设，他回忆说：

我是 1971 年到黄河大桥工地当民工的。黄河大桥工程指挥部主要由山西省负责，山西省公路局派出一营、三营两个营承担建设任务。一营负责 1—6 号桥墩的主桥工程，三营负责 7—15 号桥墩的引桥工程。我们府谷县抽调了高石崖、麻镇 2 个人民公社 200 多名民工，配合三营参与引桥建设。高石崖、麻镇各编为两个连，张明岐和苏云升是驻连干部。我们高石崖连驻地是闫家圪，住的是村民的废旧土窑，几个人挤在一个土炕上，条件非常艰苦。当时的伙食是每天 4 毛 5 分钱，一斤半粮，主要是玉米面，副食以圆菜为主，一天两顿饭。菜汤清得没办法，只好把洗山药澄下的粉面往里加一点。当时我们编了个顺口溜："高石崖伙食大改变，每天圆菜和粉面。"上班 8 小时，中途不吃饭，真是饿得要命。上下班全是军事化管理。在工地上，我们民工连主要是参与人工打桩，像围水车一样推"大锅钻"，七八个人一组使劲推着转，累了换另一组，另一组累了这组再上，循环往复。每个班都有定额钻深米数，完成任务才能下班。桩钻到底后就开始浇筑混凝土，推着平车往返于桥墩与搅拌机之间，装卸都是人工用铁锹铲，相当吃力，最累最饿的时候锹把在手心直打转。那时机械化程度低，主要靠人工苦力，两只手被混凝土蚀得稀巴烂，一用劲疼得钻心。随着工程进度，陆续开始制作和安装预制件。预制件分为各种大小梁、柱、弓子板、平面板、拱形圈

▲ 黄河大桥建设者在黄河保德桥头合影留念。
韩有文 摄

等，都要事先摆好模具、浇筑捣实混凝土，既要细心掌握技术，还要卖力气。经过一年多的紧张施工，桥梁主体工程结束了，在铺设桥面之前我又接到了新的任务，从大桥工地到了电站工地。

要把黄河的事情办好

▲ 黄河大桥通车当日，学生手持鲜花，高举标语旗帜，载歌载舞涌过大桥。
韩有文　摄

一位保德县的作者回忆道：

1972 年修建的保府第一座黄河大桥，经历了 40 多年的风风雨雨。这是座国防大桥，为备战而建，70 年代有守桥部队在西边桥头站岗把守，90 年代运煤开始就成了危桥了。

我对这座大桥充满感情。记得 40 多年前大桥建成通车剪彩的那一天，是两岸人民的大喜事。锣鼓喧天，红旗飘扬，百八十里的人们都来观看，人山人海。我作为学生仪仗队的一员，手持花环，喊着口号，第一次雄赳赳走在大桥上。几十年了，每每想起都心潮澎湃。我也记得有了这座大桥后，再没有去府谷须在黄河边渡口花 3 毛钱等渡船的事了。从此以后，两岸交通便利，交往加强。

▼ 黄河大桥通车当日，府谷、保德两县
群众欢庆大桥建成通车。
韩有文 摄

黄河大桥成为府谷、保德两县的标志性建筑，引来两县群众纷纷以大桥为背景合影留念。

王新华　提供

府谷县政协副主席谭玉山在《府谷保德秦晋之好，从这里开始》一文中写道：

一条奔腾而来的黄河成为陕西省和山西省的天然界线，两县隔河相望，两岸的老百姓甚至能提高嗓门隔着黄河聊上两句。最初百姓们是通过黄河沿岸多处渡口摆渡彼此往来，到了1972年，人们多年的心愿——连接两县县城的黄河大桥建成了。从此，两县政府和群众往来与合作更加密切。保德县黄河沿岸盛产瓜果蔬菜，其中一半以上销往府谷。府谷经济起步早，民营企业多，所以许多保德人到府谷经商或打工，特别是餐饮、医药等服务行业几乎三分之一的员工来自保德。

黄河大桥建成通车50年来，府、保两县互通互融，市场供给互补互促，文化、旅游、商贸等领域深度合作，为促进两县经济社会发展发挥了重要作用，开辟了秦晋之好的共赢新格局。

◀ 黄河大桥全景图。
马子亮 摄

第六篇

天桥水电站

天桥水电站

是矗立在黄河上

一座不朽的丰碑

上万民工肩挑背扛

谱写了一曲英雄史歌

撰稿：石治宽

▲ 天桥水电站全景。

韩有文　摄

　　黄河天桥电站，全称为"山西省天桥水力发电厂"，当地人习惯称为"天桥电站"，或简称"电站"。

　　电站坐落在黄河中游的晋陕峡谷，距下游府谷和保德县城均为八公里。西岸是府谷县西山村，东岸是保德县义门村。是陕西和山西两省共同建设的第一座带有试验性中型水电工程，也是黄河干流上建设的第六座水力发电站。

　　电站于1970年4月29日动工兴建，1976年12月31日第一台机组投产发电，1977年年底4台机组全部安装完毕投入运行。1978年4月正式移交生产，先后由山西省电力局、山西省地方电力公司、晋能集团管理。

　　电站机房装有4台轴流转桨式水轮发电机组，总装机容量12.8万千瓦，设计年发电量6.07亿度。

　　天桥电站枢纽主要由东岸混凝土重力坝、发电厂房、泄洪闸、岛上重力坝和西岸土坝等五部分组成。坝高42米，坝长752.1米，设计库容0.66亿立方米，正常水头18米，最大水头20.2米。以发电为主，兼有排凌、排沙、排污等多种效能，在山西电网中承担着重要的调峰、调频任务。

　　1977 年秋，天桥水电站与府谷变电站并网运行，发电量山西、陕西两省各半分配。

　　工程建设由晋陕两省和三门峡工程总局联合组成黄河天桥电站工程指挥部（总部），时任山西省副省长刘开基任总指挥。由黄河水利委员会设计，山西省水利工程施工总队负责具体施工。

　　晋陕两省各征调 5000 余名民工和 300 余名干部共 10000 多人参加建设。水电部四局、六局、十一局承担技术性较强的施工项目。总部下设三个分部，第一分指挥部（一分部）由陕西榆林、神木、府谷三县组成，第二分指挥部（二分部）由山西保德、河曲、兴县、岢岚、偏关五县组成，第三分部由山西省水总组成，后改建为直属大队。

▲时任山西省副省长、天桥水电站建设总指挥刘开基（左一）视察建设工地。

　韩有文　提供

‹ 天桥水电站建在水寨寺圪垯与南岸之间的河道上。

1966 年，山西省水利厅组织勘探，计划在天桥峡谷利用黄河落差修建天桥水轮泵站，提黄河水上山灌溉。后经反复论证，水轮泵站升级为发电站。

1969 年，时任水电部部长钱正英乘坐小船，亲自考察了晋陕峡谷，选定了坝址。义门河谷宽约 700 米，陕西一侧有座水寨岛雄踞河中，便于截流，有利施工，故将站址移到天桥村峡谷下游的义门河谷，但天桥之名沿用未变。

1970 年年初，指挥部部分人员先期到达施工现场，筹备开工事宜。2 月 3 日，府谷县"革命委员会"抽调县、社 30 余名干部赶赴电站工地，为大批民工到来提前做好后勤保障。

原天桥电站工程指挥部（总部）一分部政工组干部杨国威，后在府谷县县志办公室工作到退休。他在《建筑天桥电站工程纪实》一文中写道：

1970 年 2 月 1 日（古历正月初六），府谷县革委会通知刘存林、乔正迁、高友松、杨国威、韩乐世、刘永华、刘富海、冯生贵（医生）等 10 余人，先期赴天桥工地，为榆林、神木、府谷民工大批到来，做好食宿准备。同时抵达工地的还有傅家塌、碛塄、田家寨、武家庄、麻镇、清水、黄甫等人民公社 200 余名民工。因附近村庄无法解决四五千人住宿，为便利出入，在西山村外靠近黄河畔山坡上，掏挖土窑和在水泥厂后沟砌石窑。4 月 1 日一切就绪，榆林、神木及府谷部分民工也陆续到达，29 日工程正式拉开了序幕。

▲晋陕两省万余名民工参加了天桥水电站建设。
　韩有文　摄

▲ 工地晨景。

韩有文　摄

▲工地夜景。

韩有文　摄

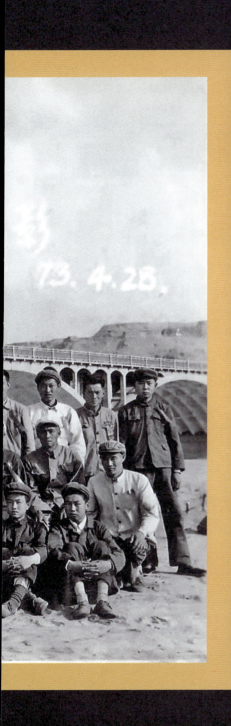

73. 4. 28,

◄ 1973 年 4 月 28 日，府谷营
席天桥电站先进生产者代表
议全体代表合影。
石治宽　提供

  1970 年 4 月 29 日，在水寨寺及岛下围住的河滩举行开工誓师大会，总指挥刘开基宣布正式开工。50 台推土机一字排开，黑龙洞河堤下马达轰鸣，开始推倒河堤，开挖水寨寺西侧导流渠道。

  1970 年 6 月下旬，水寨岛东面围堰首先开始截流，在主河道填筑戗堤困难重重，由于当时工地没有大型起重机器、运输机械及混凝体，只能由民工用平板车拉石块填筑，工程进展缓慢。

▶ 爆破作业。

韩有文 摄

指挥部为了抢进度，决定采用定向爆破东岸石山，共装炸药36吨。6月21日实施定向爆破后，龙口80米宽封住52米，还有28米没有封住，随着龙口缩小，流速更加增大，抛下的石块多被洪水冲走。民工们将石块装在铅丝笼内抛投，但装笼和抛投的速度缓慢，挡不住急流冲击。后将几个铅丝笼连接起来，在坝上铺上铁轨，铁轨上放好平板车，将笼子放在平板车上，推向龙口抛投，围堰于6月25日胜利合龙。

◀ 天桥水电站施工碎料作业。

韩有文 摄

◀ 晋陕两省万余名民工参加了天桥
水电站建设。
韩有文 摄

原天桥电站工程指挥部副总指挥张弘毅在《黄河天桥电站建设纪实》一文中写道：

战斗在工地的广大职工、民工辛勤劳动、艰苦奋斗的实干精神，成为建设电站的巨大力量。他们住的离工地较远，上下班要走十多华里的路，吃的是粗粮，没有礼拜天，没有节假日，不论酷热还是严寒都坚持在野外工作。水寨岛左侧有万余吨泥沙，因受地形限制不好使用机械，是府谷县民工用肩膀扛出去的。

♥ 水寨寺与西山之间的钢索吊桥。
韩有文 摄

有人说天桥水电站是上万名建设者用血肉之躯扛起来的，有人说天桥水电站是陕晋两岸人民用汗水浇灌起来的。

王贵勇，原府谷营驻八连干部。1948年参军，1953年参加过抗美援朝。转业后在海则庙人民公社、墙头人民公社当过副主任，1971年派到电站，1980年全部交工后才回到府谷，在电站整整工作了10年。89岁高龄的王贵勇回忆那段岁月时，仍然满怀激情地说：

最难忘的是黄河截流，1970年4月29日开工后，首先要把原来水寨寺东侧的黄河主河道截流，导到水寨寺西侧河道。6月21日定向爆破后，龙口还有28米没有封住。这时，龙口的黄河水流量大、流速快，抛下的石块马上就被洪水冲走。6月25日我作为敢死队队长，第一个跳下石崖，带领敢死队成员冒着生命危险，在河水咆哮、浪花扑面的堤堰边抛石、沉船，终将围堰于6月25日胜利合龙。

▼ 天桥水电站建设初期的浮船作业。
　韩有文　摄

完成截流工程以后，随即就要开始挖基。主体建筑物厂房和泄洪闸段，挖基深度为 20 米，挖基总方量 42 万立方米。上下围堰都浸在水中，承压渗水犹如小河流淌，85 台水泵昼夜不停抽排，施工难度和危险可想而知。

♥ 天桥水电站基础框架基本形成。
韩有文　摄

　　基坑开挖，上万民工轮班作业日夜不停。平车拉，柳筐抬，肩膀扛。春节不放假，礼拜不休息。经过一年多辛勤劳动，终于完成了挖基任务，为浇筑混凝土打下基础。

　　电站建设期间有 37 人献出了生命，有 257 人重伤致残，总指挥刘开基累倒在病床上一病不起。工程竣工典礼上，钱正英部长含着泪说：没有刘开基，没有数万名建设者的奉献，没有两岸人民群众的无私支持，天桥电站是建不成的。

◀ 参加天桥水电站建设的
府谷营干部合影。
石云岚　提供

▶ 天桥水电站施工期间的
氧焊作业。
韩有文　摄

石云岚，原府谷营驻四连干部。83岁的他回忆道：

　　我们都是把青春热血献给了天桥电站的建设者，50年前就是我们这些平凡的人，却干了一件惊天动地、历史铭记的伟大工程。建设期间条件相当艰苦，吃的是玉米、高粱，住的是废弃的破窑和简易的帐篷，但职工、民工们的思想觉悟和劳动激情都很高昂。

　　当时的艰难困苦，何止是吃苦受罪，我们是在用鲜血、汗水和生命拼出来今天的天桥电站。想到天桥电站的当年，我们最难忘记，为天桥电站建设付出年轻生命的那些人。我们连5个人民公社300多工人就有两个十六七岁的娃娃献出了生命，还有一个民工终身残疾。第一次合龙成功以后，机房基坑下面那么多石子、泥糊糊都是人工一锹一锹、一筐一筐拿出去的。那时候，谁知道"享福"二字的含义是什么？红高粱面饸饹、窝窝头，青菜当汤，能吃饱就算很满足了。当初我们就是用这么一种拼命的精神，无私无怨地奉献着。天桥电站是人们拼命的地方，也是造就人才的地方。众多民工在电站学到了技术、得到了历练。走向各行各业的电站人，有的成为建筑、安装、机械、修理能手。

　　1971年10月26日，厂房泄洪闸重力坝开始混凝土浇筑，没有搅拌机，没有浇筑设备，没有震动棒，只能由民工人工搅拌、人工输送、人工拿着钢钎一下一下扎实捣固。工地上仅有两台小粉碎机，石子供不上，水寨岛周围20里以内，到处是热火朝天的人工碎石工地。人人左手拿铁丝圈套住青石，右手举着小铁锤，一锤一锤砸下去。1973和1974年是混凝土浇筑的高峰期，共浇筑24.1万立方米。

▲ 天桥水电站建设工地全景。
　　韩有文　摄

1974 年 9 月开始金属结构安装、电气机组安装。1975 年 11 月，主体工程基本完成，同时金属结构也大部分安装就绪。

▲ 1974 年 11 月 3 日，府谷营出席黄
河天桥水电站工程指挥部积极分子代
表大会全体代表合影。
石云岚（后排左一）提供

▲ 1975 年，天桥水电站基本建设完工。
石治宽　提供

王克树，哈镇人，1972 年初中刚毕业就到天桥电站当了民工，一干就是八年。他回忆说：

　　我初中毕业后，被生产队抽到天桥电站当民工。所在的连队是府谷营四连。我在天桥电站一干就是八年，目睹了清基的艰辛、合龙的不易、机组试运行成功的喜悦。在这八年里，让我难以忘怀、感受最深的是，干部的责任与担当、工人的艰辛与付出。

　　回想当年，参加电站建设的成千上万民工，让人感叹敬佩。他们夜以继日地奋斗在工程一线，论待遇只挣十分工，论生活吃的是"钢丝面"、窝窝头，不求吃好只求吃饱，已经十分满足。这座耸立在我们面前的宏伟的电站厂房，不知倾注了多少民工的汗水和付出，甚至牺牲。基坑开挖，他们身穿雨衣，头顶柳筐，一筐一筐将淤泥运往几十米的基坑外。混凝土浇灌所用大中小石料是他们一锤一锤用铁锤打出来的，最后是用人力车推到搅拌机旁。合龙围堰人工爆破，危险重重也挺身而出，有的人致残甚至献出了宝贵的生命。

　　再看施工场面，连队红旗招展，民工干劲十足，加班加点吃苦奉献，休息之余，哼着小调，上完正班连饭都顾不上吃完，手拿窝窝头继续加班去。一纸奖状、一句表扬对他们来说就是最大的褒奖，涌现出以冯光山为代表的红四连劳动模范，这就是当年的电站建设者！

　　天桥水电站的建成，倾注了两省八县基层驻连干部的不少心血，以及成千上万民工建设者的汗水与付出。不论时代如何变迁，这份无私奉献的精神值得铭记和致敬！

天桥水电站建设中从山体取石料。　韩有文 摄

开闸泄洪黄河奔腾的壮观景象.
张红霞　提供

1975年10月，水寨寺岛西侧导流河道开始截流。小平车运送石块，汽车运送混凝土四面体。龙口两头倾抛石头和预制块的同时，河中在船上架好木板，木板上铺开铁丝网，堆上石头再包起来，做成石头笼子。然后把几只船连起来，拖轮拖到龙口上游附近，迅速将石头笼子滚入龙口。龙口越来越窄，激流飞泄，石头笼下去立即被冲走。指挥部最后决定用沉船封堵，在惊涛骇浪中，船工们砸烂船板，大船轰然沉入龙口。当第十五只大船沉下去以后，河水停止了咆哮，二期截流终于成功。

▲ 天桥水电站施工期间，府谷营宣传员杨美清在施工现场加油鼓劲。
韩有文　摄

1976 年 12 月 29 日，第一台机组发电，实现自供施工用电。1977 年底，四台机组全部安装完毕，投入运行。

1978 年 4 月，电站工程移交山西省电力局管理运营。

1977 年秋，府谷变电站与天桥水电站并网运行，天桥电站的电力能源开始广泛用于府谷县的工业、农业和人民生活，为促进府谷的经济发展和社会进步作出了贡献。按照建站约定，凡是农业灌溉浇地用电，每度电只收 1 分钱，有力地支援了晋北和陕北两个老区的农业建设。

1985 年 11 月 13 日，时任国务院总理李鹏视察天桥水电站，并题词："黄河干流第六坝，造福两岸为人民。"

◀ 天桥水电站建成后，
原府谷县造船厂的船
只试航。
马子亮　摄

▲ 1974 年 3 月 31 日，参与天桥电站建设的设计组成员合影。
张育才（前排左一） 提供

▲ 1977 年 11 月 28 日，府谷营干部在天桥电站合影。

石治宽 提供

第七篇

府谷农机厂

府谷农机厂

从手工作坊到全国先进企业

几代农机人艰苦奋斗

在历史的潮流中

书写一段传奇往事

撰稿：高小定

府谷农机厂（后称府谷县机械厂和陕西府谷黄河机械厂），建立于 1958 年，是府谷县第一个县办地方国营工厂，同时属于新中国第一批建立起来的地方工业。

建厂初期的"农机厂"，只是一个生产耕犁、镰刀等农具的手工作坊式小厂。1962 年府谷农机厂生产出一台当时先进的农具——双轮双铧犁。在"文革"期间生产出了西北第一台手摇式水泵。再后来又成功地批量生产出了国家定型产品农用 B 型水泵，成为"抓革命，促生产"和"支农"的典型，被誉为西北地区地方工业的一面"红旗"，其中生产的 3B-19、3B-33、4B-20 等型号的农用 B 型水泵，是 20 世纪 70 年代陕西省的名牌工业产品。当时西安电影制片厂曾将农机厂的事迹和它的水泵产品拍摄制作成新闻纪录片《新闻简报》，以题为《府谷农机厂全力支农忙》的电影在全国放映。

▲ 1962 年 5 月 30 日，府谷县机械厂（即府谷县农机厂）
全体干部欢送时任厂党支部书记张德调职合影。
前排左起：郝润祥、贾元、赵国雄、杜荣、王珍
后排左起：李杰、王继雄、张德、赵忠、孙诚
贾竞　提供

▲府谷农机厂修理车间张买仲师傅带领工人准备下乡"支农"。拍摄于 1969 年。
　马子亮　摄

◀西安电影制片厂采访拍摄府谷农机厂制作新闻纪录片，以题为《府谷农机厂全
　力支农忙》的电影在全国放映。图为拍摄现场。
　马子亮　摄

◀ 1968 年 10 月 26 日，府谷县机械厂革命委员会人员欢送新府中高六八级革命师生下厂留念合影。

高小定　提供

1969 年 4 月，刘汉武被府谷县革命委员会任命为府谷县农机厂厂长。他回忆说：

1969 年 4 月，府谷县革命委员会通知调我到农机厂工作。从此书记、厂长一肩挑，直到 1976 年 9 月离任，历经七年之多。

当时府谷农机厂是府谷县、榆林地区的先进单位，受到兰州军区的表扬。农机厂的社会影响较大，口碑尚好。农机厂在前任厂长王福明同志的领导下打下了非常好的基础。

在上个世纪 70 年代全党大办农业的形势下，上级要求全国每个县都要有一个农机修造厂。府谷农机厂的前身是 1958 年"大跃进"中新建的综合厂，后来更名为国营府谷县农业机械修造厂。

农机厂的任务是：面向农业，全心全意为农业服务。具体任务是农机维修，生产几种型号的农用水泵及碾米机、轴承、电动机等农用产品。生产任务逐年加大，工厂规模不断扩大，新建厂房，更新设备，多次招工，安排大学生当工人，接收复转军人。由 1962 年保留下来的 17 名老工人，逐步发展成初具规模的县办农机厂，全厂 130 多名职工，主导产品农用离心水泵成为全榆林地区的名牌产品，畅销全区，享有盛誉。

▶府谷县农机厂铸造车间。

马子亮　摄

农机工业企业，政策是保本微利。70年代后期，"吃大锅饭"的年代里，地方"五小"工业企业亏损屡见不鲜。但是府谷农机厂从经营、生产、财务管理等方面，逐步建立、健全了一套严格的规章制度，几年从未发生亏损，年年略有盈余。

农机厂几年来连续超额完成任务，逐步成为全国的先进单位，分获"工业学大庆""农业学大寨"的先进单位。

1974年，全国评出7个县办农机厂先进单位，府谷县农机厂位列其中，名列第四。几年来，厂里产生了第四届、第五届全国人民代表大会代表孙留狮（副厂长），中国共产党第十一次全国代表大会代表马占年（厂党支部委员、车间主任）。1970年中华人民共和国成立21周年庆祝大会，我荣幸地参加了天安门国庆观礼，在观礼台上见到伟大领袖毛主席，府谷县广播站作为特大新闻滚动播出，真是震撼人心，催人奋进。

1971年王珍代表农机厂出席全国农业机械化会议。1977年4月王珍代表农机厂出席了全国"工业学大庆"先进单位会议，受到党和国家领导人接见并和代表合影留念。还有王汉文、杜荣、张巨清等参加过一些全国性的专业会议。

◀ 府谷县农机厂职工在车间学习。
马子亮　摄

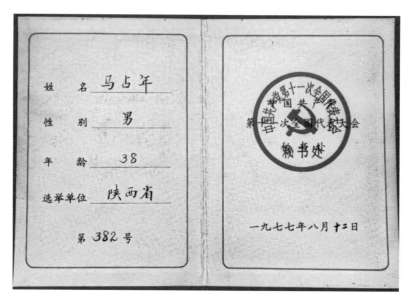

▲ 马占年出席中国共产党第十一次全国代表大会的代表证。

　马占年　提供

▲ 原府谷县机械厂厂长马占年（右）在车间。1977 年 8 月 12
日，马占年当选全国党代表，并出席了中国共产党第十一次
全国代表大会。
马子亮 摄

▼ 第四届、第五届全国人民代表大会代表孙留狮（前排右二）时任府谷县农机厂副厂长，给职工传达全国人代会精神。

马子亮 摄

▼ 1975年1月，第四届全国人民代表大会孙留狮代表当选证。

高小定 提供

▼ 1978年2月，第五届全国人民代表大会孙留狮代表证。

高小定 提供

府谷农机厂大批量（最高年产3000多台）产出了国家定型农用B型水泵，成为"支援社会主义建设"的"支农"典型。后来，农机厂在西北地区率先采用了石蜡浇铸、电渣铸钢等技术，还自行设计制造出陕北第一台20吨"龙门吊"和直径3.5米的落地式专用车床以及"振动堆焊""立体浇铸"等机械设备，成为当时西北地区工艺技术最先进、设备力量最雄厚、企业管理最完善的地方机械工业企业之一。

原府谷县农机厂副厂长张巨清回忆道：

　　当年，说起府谷农机厂，在西北的机械制造行业尤其是水泵制造行业没有不知道的。我们生产的B型农用水泵遍布全国各地。拿着"府谷农机厂"的工作证，就等于拿到了行业的介绍信，走哪都认！

▶ 1977年12月25日，府谷县农机厂20吨龙门吊落成留念合影。
王珍（前排左五）提供

▲ 府谷县农机厂"三结合"技术攻关小组正在进行水泵叶轮加工工艺试验研究。
　马子亮　摄

　　府谷农机厂从一个手工作坊式小工厂一跃成为西北乃至全国地方工业的"一面红旗"，除了全厂工人"自力更生、艰苦奋斗"的无私奉献精神外，其中还有一个重要原因是农机厂较早地拥有了一批技术人才。

　　"文革"期间，一大批大学毕业生被分配到边远山区支援建设，当时仅榆林地区就先后被分配来了上千名各类专业的大学毕业生。府谷县农机厂分来了18名，其中有两名高才生，毕业于清华大学金属材料专业的崔周平和西安交通大学机械系的莫强宣。这些大学生的到来，使这个作坊式工厂拥有了前所未有的高层次技术人才，为企业飞速发展奠定了坚实基础。1971年批量生产出了国家定型产品B型农用水泵，5年后又生产出技术要求更高的工业多级泵等产品。同时，率先采用了机械行业的先进技术并自行设计制造出了一批先进生产设备。此外，在上世纪70年代初"备战、备荒、为人民"时期，这个生产水泵的县办小工厂，按上级的指示，成功试制生产出了两支半自动步枪。为此，该厂被视作技术力量可靠的"准军工"企业。在后来的产品"取证""创优"及企业晋升为"国家级企业"中，仍然很大程度上依赖了先前这批大学生成熟的生产工艺和技术。

> 1975 年，府谷农机厂全厂职工收听第四届全国人民代表大会相关报道的广播。
> 高小定 摄

崔周平清华大学毕业后，直接被分配到府谷县农机厂工作。一干就是十年。他回忆说：

从 1968 到 1978 年，我在府谷农机厂工作生活十年，在那里度过了一生中最值得回忆的十年。

1968 年 12 月，我来到农机厂，工厂真小，除了两台老掉牙的车床外就没有别的设备了，但工人们却很有精气神，在那种条件下，有勇气研制 3BA-9 农用离心水泵，拉开了府谷农机厂创业发展的序幕。那时全厂仅有 30 多人，主要由两部分人员组成。

其中之一是以孙留狮、刘长胜、王根、白尚留住、康平治、高玉科、孙友华、贾振文、张伏虎、高林等为代表的十七名老工人，工友统称之为"十七棵青松"。由于他们的坚韧，工厂才存活下来，他们是工厂的顶梁柱，是工厂稳定发展的压舱石；另一部分是以王文清、王礼小、王雄伟、张茂厚、苏礼和、苏金和、王荣、杜秀峰为代表的曾在西安等地大工厂工作过的工人，他们眼界开阔，见过大场面，有技术专长，是工厂的技术骨干。

▲ 府谷县农机厂技术核心人物崔周平（右一）在现场研究"龙门吊"图纸。崔周平毕业于清华大学金属材料专业，1968 年 12 月被分配到府谷县农机厂进行"支边"建设。

马子亮　摄

▲ 府谷农机厂代表出席全国"工业学大庆"表彰大会载誉归来。

马子亮　摄

从1968年起历史的大潮将一批又一批的人员陆续推入工人的行列。1968年，以莫强宣、黄永康、王宏慧等为代表的十名大学生从全国各地陆续来到府谷农机厂，接受工人阶级再教育，我是他们中的一员。1969年，以高宣、贾登荣、白士则、白二则、贾宝才、李维新等为代表的十多名复转军人加入工厂。1970年，以王文、赵埃荣、周甫荣、刘广清为代表的二十名有文化的学徒工来到工厂，为工厂增添了新鲜血液，为工厂的发展打下了良好的基础。1971年，以张巨清、贺汉杰、毛天平为代表的几十名有文化、朝气蓬勃的年轻人陆续来到工厂，工厂一下子充满了青春气息，他们后来自然成了工厂发展中的青年突击队。那时的工厂领导机构是革命委员会，1968年我到工厂报到时厂革委会由王福民、孙留狮、班来福组成，1969年刘汉武担任厂党支部书记、革委会主任，和孙留狮、王汉文、马占年组成新的厂领导班子。一批一批的人，在那个年代，以不同的理由、不同的背景、不同的身份随着历史的潮流汇聚在农机厂。

府谷农机厂职工在车间工作。左起分别为赵虎则、马占年、杨俊玉、王珍。

马子亮 摄

　　我亲身经历过的两件事：一是1970年春节，全国都号召过革命化春节，不放假、不停工、外地人不回家，大年三十了我们几个仍守在工厂宿舍的外地人冷冷清清，过年饺子还没有着落呢！这时，刘汉武书记带着白面、肉、菜来了，和我们一起高高兴兴包饺子，原来死气沉沉的宿舍一下子热闹了起来，书记和我们一起过大年，包饺子，话家常，这顿年夜饭我至今难忘。职工不回家过年，书记也不回家过年，书记把职工当亲人，我们能不听书记的吗？还有一件事是：刘汉武书记带领全厂同志分期分批到水地湾生产队参加"农业学大寨"运动，与农民兄弟一起人拉肩扛、平整土地、筑坝、修水渠，工作辛苦，效率低下，自然体会到农业机械对农业发展的作用，深刻体会到农民对农业机械的期盼，自觉树立"为农业服务、为农村服务、为农民服务"的思想，几天劳动的收获胜过多少次的说教。

　　大家心往一处想，劲往一处使，那时候每个人都好像有使不完的劲，雷厉风行。1969年夏天发生的一件事可以看到这个队伍的战斗力。那时候汽车是稀罕东西，有钱也买不到，工厂唯一一辆汽车是美国造大道奇货车，那是解放战争时期缴获的战利品。在司机崔富雄心里就像宝贝一样，精心呵护。1969年夏天，汽车行驶到小河川就快到工厂时，突遇山洪暴发，霎时将汽车冲下路基，滚向河滩，助手回厂报信，所有听到消息的同志都快速跑向事故现场，硬生生地把快要冲到黄河的汽车拖了回来，验证了兄弟同心，其利断金。

　　我还记得，我们在莫强宣带领下研制龙门吊时，边画图，边加工，边试验，都十分投入，大家忙着，也快乐着，每天不知不觉就干到深夜，也顾不上休息。曾经有三天三夜连轴转，最后试验成功了，全厂欢呼。

▲ 府谷县农机厂职工下班场景。大门上刷写着"厂走大庆路，人学王进喜"的标语。
20 世纪 70 年代后期，府谷县农机厂是全国"工业学大庆"的先进典型。
马子亮 摄

王文是知青返城后被府谷县农机厂招入的工人，直到1982 年调离。他回忆说：

1970 年进入农机厂，我当了两年钳工。当时正是农机厂红势之时，是陕西省的明星企业。1968 年，兰州军区给府谷农机厂颁了奖，称为"高高飘扬在陕北高原的一面支农红旗"。这是非常了不得的荣誉，兰州军区当年管着西北五省。

农机厂主要生产水泵，主要分配销于榆林地区。当时国家实行计划经济，年初订货，计划分配，水泵非常紧俏。农机厂生产的水泵经过技术革新，性能比较好。因为厂里"藏龙卧虎"，分配有清华大学毕业的崔周平、西安交大毕业的莫强宣等十几名大学生，后期还研发出"龙门吊"，有滑动的轨道，用于大型钢铁铸件的搬运，相当于现在的起重机。

之后我便被分配到材料供应部门工作，常年住在西安，主要是跟陕西省机械局对接协调农机厂所需的材料供应，比如生产水泵需要的钢材、螺丝螺帽等，这些材料由省上直接供货。我常年出差在外，当时的工资由最初的钳工（学徒工）9 块涨到二级工资31 块，一个月管够花，还有结余。在西安吃一碗素面才二两粮票5 分钱，肉面要多加3 分钱，一般都舍不得吃。

▲ 1978 年 1 月 1 日，府谷县农机厂一九七七年标兵和先进生产者合影。
王珍（前排左四）提供

为实现高标准大庆式企业而奋斗！

77.8.1

▲ 1977 年 8 月 1 日，府谷县农机厂职工与调离职工留念合影。

王珍　提供

上世纪 80 年代初，府谷农机厂成功生产出了比农用 B 型泵难度大得多的 GC、IS 等型号的多级泵、热水泵等工业专用的水泵产品。此时，虽然国家改革开放的口号已经提了出来，但是，计划经济仍然占主导地位，因此，府谷农机厂的生产形势依然蒸蒸日上。

到 80 年代中期，国家调整政策，停止了计划经济时期实行的对国营企业产品的"包产包销"制度，府谷农机厂的水泵产品销售，也由原来"国家调拨"改为"自找门路"。当时，由于实行了"包产到户"，农村的大批水利设施报废，农用水泵一下子没有了市场。

1986 年，府谷农机厂更名为陕西府谷黄河机械厂。制定了以"名优产品"占有市场、以"企业升级"为目标的治厂方针，下决心从传统的支援农业的"农"字头企业脱离出来，挤入真正的机械制造行业。

当时，机械厂有干部职工 117 人，固定资产 100 多万元，年产千台水泵，年产值几十万元。两年后，机械厂总共投入了 40 多万元，不仅取得了机电部颁发的 GC、IS 等多种型号工业泵生产许可证，而且生产的 18 个系列 96 个品种 224 个规格的水泵中，创出了 6 种"省优产品"和 1 种"部优产品"。

1989 年，府谷黄河机械厂各种型号水泵的年产量达到 4000 多台，年产值 400 多万元，成为陕西省水泵行业的定点生产企业，产品远销全国 20 多个省、市、自治区，并在乌鲁木齐、太原、西安等地设立了经销点，产品供不应求。

1991 年 8 月，经国家相关部委审验批准，机械厂晋升为"国家二级企业"（同类型国企全国仅有两家）。为此，全厂工人每人得到了一级工资的奖励。

1992 年，机械厂水泵年产量达到 7000 多台。在市场前景一片看好的情况下，厂里又提出了"产品保质量，管理上水平，建设一个万台水泵生产线"的新的企业发展目标。为了壮大机械厂的力量，府谷县政府决定将本县一个拥有较大场地，且有较好设备的造船厂划归机械厂，两厂合一。然后，机械厂向银行贷款 465 万元，开始了万台水泵生产线改造建设工作。

改造建设工作仅用了一年多的时间就完成了厂房改建、设备搬迁（包括新添设备的安装）等工作，不到两年的时间，便完成了共计 615 万元的技术改造投资，从而使机械厂在规模上基本具备了年产万台水泵的能力。在兼并了造船厂，且又投入好几百万元，形成万台水泵生产线之后，机械厂却开始走向困境。

到 1996 年，扩建成功后的机械厂却完全处于停产的状态，一度就连基本生产所需的铸铁原料都买不起，与此同时，企业出现了巨额的潜在亏损。

▾ 府谷黄河机械厂生产的水泵，不仅取得了机电部颁发的 GC、IS 等多种型号工业泵
生产许可证，而且具有 18 个系列 96 个品种 224 个规格，创出了 6 种"省优产品"
和 1 种"部优产品"。
　马子亮　摄

　　毕业于西北农学院农机系、曾担任过黄河机械厂厂长的赵虎则回忆说:

　　一个先进典型"国家二级企业",缘何会走到"绝境"呢?

　　没有留住人才,为这个企业走向"绝境"埋下了第一个伏笔。"文革"结束后,大批先前分配到边远山区的大学生纷纷离去,不是调回原籍,就是返城工作,或者继续考学深造,分配到机械厂的那批大学生也纷纷各奔东西了。农机厂在建成"万台水泵生产线"后,厂里却从此连个本科学历的机械专业技术人员也没有了,而且,一些技术工人也纷纷"跳槽",另谋高就。从1996年完成扩建,到改制后的2002年的6年间,机械厂的专业技术水平,比国内同行业先进水平落后了至少10年。这期间,这个"国家二级企业"没有增加一件工艺装备,甚至没有更新过一次计量检具! 到后来,厂里生产的所谓"省优""部优"产品,已经被国家行业部门列入淘汰序列。

　　回过头来看,机械厂上"万台水泵生产线"和兼并造船厂,是厂子由兴而衰的转折点。厂

▶ 1991年8月,经国家相关部委审验批准,府谷黄河机械厂(即府谷农机厂)晋升为"国家二级企业",同类型国企全国仅有两家。图为时任机械厂厂长赵虎则。

马子亮　摄

子盲目扩大生产规模，致使流动资金严重不足，负债越积越多。同时，府谷县造船厂生产不景气，政府急于救活这个濒临倒闭的工厂，因此，当产销两旺的机械厂提出上"万台水泵生产线"的设想时，立即得到了政府的大力支持，慷慨地将一个16000平方米的造船厂支持给了机械厂。但政府也许没有想到，这一支持给机械厂背上了一个沉重的包袱，实际上是帮了倒忙。

1997 年 3 月，府谷县政府任命了机械厂新一届领导班子。在新班子的主持下，利用较雄厚的机械加工设备、工人的技术力量和企业原有的原料积累，依靠承揽机械加工、修理工程和非标准件的生产，机械厂曾一度缓过来一口气。工人们也似乎看到了一缕曙光：有了活干，有了工资，有了希望。然而，到了年底，机械厂经营盈不抵亏，亏损 94.4 万元。

1998 年，当地政府按上级的要求，对国有企业进行多种形式的股份化"改制"。政府对该厂的"改制"颇具有保护性，进行了"零资产"评估手段，以每个职工出资 2000 元为股本金的形式，实施了股份化改制。

改制的结果是：府谷黄河机械厂变成了陕西府谷黄河机电有限责任公司（下简称黄河公司），工人保持"国家职工"身份不变，同时，每一个职工又都是"股东"；原机械厂被化整为零，分解为水泵厂、铸造厂、修理厂、综合厂、技术服务公司、黄河旅游公司等 10 个独立经营单位，隶属黄河公司，分别委托承包人承包经营。

当时，榆林地区的领导曾多次光临黄河公司视察，改制成果也被作为经验在全地区推广。而且，黄河公司作为榆林地区国有企业改制成功的典型，再次成为"一面旗帜"被树了起来！

但是，改制后的机械厂，却正式走向了绝境。

改制后机械厂原来生产水泵的设备和技术优势也同样化整为零了，加上随着时间的推移，原来花大力

▲ 府谷黄河机械厂大门。
马子亮　摄

气创出的"省优""部优"产品，其工艺和技术也逐渐受到了被淘汰的威胁；厂里的主导产品——水泵的销售市场逐渐萎缩，且产量也越来越小。不久，黄河公司开始以变卖自己的固定资产和出租厂房、场地维系生存。

到 2002 年 3 月，机械厂账面总资产 2500 万元，总负债近 3000 万元，府谷机械厂已经等同于倒闭。至此，一个国家级明星企业落幕了。

第八篇

人民商场

人民商场

府谷县第一个国营大商场

改革开放后

它犹如布谷声响

预示着丰富的物质时代的来临

撰稿：张志丽 付欣

▲ 人民商场开展促销活动，门庭若市，热闹非凡。

马子亮　摄

　　府谷县人民商场 1971 年开工建设，1976 年交付使用，建筑面积 2230 平方米，其中营业面积 550 平方米，共有职工 50 人，原属百货公司的一个销售网点。主要经营针纺百货、糖茶烟酒、副食日杂、五金交化等 15 类万余种商品。1987 年由于连年销售不畅，营业额居于 100 万元左右，面临着亏损的风险，县政府决定对该企业实行集体风险抵押承包经营。

1988年，苏锁孩押上了1万元的风险抵押金，以实现年利润7万元的指标，带头集体承包了商场。苏锁孩经理的儿子苏卫东回忆说：

我父亲到百货公司当了十几年售货员，百货公司任命他为第一门市部主任。

1988年，改革开放了，政策也放开了，父亲的思想也解放了，他抓住机遇，把当时亏损的人民商场承包下来。第一轮承包开始后，他清楚地意识到要让这个商场起死回生，非改掉原来实行的那一套旧体制不可。他曾信心百倍地说："我的宗旨是面对时代的挑战，把人民商场变为多功能企业。"他大胆地对商场内部经营管理进行全面改革，实行了定人员、定库存、定负责人、定资金占用、定经营品种和考核利润、销售、库存、费用的"五定一考"制度，接着下放了各柜组人员调配、有问题商品处理、商品选购、签订进货合同等五个方面的自主权。在分配上实行联利、联销、考核费用、资金周转的"两联两考核"计酬法，以基本工资为基数，超提欠扣，当月兑现。仅用了三个月的时间，商场经营管理基本上实现了规章制度化、服务优良化、管理正规化，职工的精神面貌也发生了巨大的变化，企业出现了生机，开始兴盛起来。

◀ 人民商场经理苏锁孩（左二）
给消费者推荐货品。
马子亮 摄

原任人民商场副经理杨玉婵说：

1976 年人民商场成立，原属百货公司一个销售网点，主要经营百货、五金、针织、棉布、副食、烟酒、粮油、文化用品等。1987 年升格为乡镇级企业，隶属于商业局。

人民商场在苏锁孩带领的团队经营下，用了半年时间就扭转了局面，经营日益兴盛。当年销售额上到 642 万元，是承包前的 5.42 倍。如何保持这兴盛之势，并使之经久不衰呢？苏经理又亮出了"在货全价廉上下狠功、向优质服务要企业知名度、向企业知名度要效益"的三招。他果断地从商场内部自筹资金 20 万元，开设了批发业务，实施了"以批促零""以零保批"的经营策略。同时，与河北、河南、山西、内蒙古、北京、天津、上海等 15 个省市的生产厂家或省级批发站建立健全了横向经营联系。这样一来商品不仅花色品种新鲜和齐全，而且减少了批发的环节，进货的总成本降低了 5% 左右，批发让利于零售，零售让利于顾客，同时每逢重大节日延请剧团给全县城乡人民包场唱戏，

♥ 府谷县人民商场开展"抓彩票"促销活动。约拍摄于 1992 年。
马子亮 摄

为全县离退休老干部、军烈属优惠供应商品，向广大顾客让利销售商品，人民商场知名度不断扩大，优质服务在府谷周边有口皆碑。1989年全年销售又上新台阶，实现销售总额 778 万元，利润 22.3 万元，是承包指标的 8 倍多。

▲人民商场一角。

马子亮　摄

▲ 人民商场一角。
马子亮 摄

原人民商场会计王云梅回忆说：

1987年，我由碛塄供销社调入商业系统零售公司，然后又分配到府谷县人民商场当营业员。1988年当上会计，一直在人民商场工作。当年商场职工人数28人。那时，零售公司管理商业系统的八大公司，人民商场属于零售公司的一个销售门市。

1988年县上以公开竞标的方式，决定由苏锁孩任经理，杨玉婵、马爱林任副经理，集体承包了人民商场。1989年商场销售额达到778万元，县委、县政府批准人民商场上升为公司，隶属商业局。

　　1988至1991年人民商场承包期间，实行了抓优质服务、抓销售额、抓职工素质、抓业务知识，利用业余时间丰富职工文化生活，参加大型古会活动、歌咏比赛，极大地提升了商场的形象，争创一流的商业企业。

　　在努力开拓市场销售的同时，进一步完善了内部机制，不同的岗位实行不同的计酬办法。对营业员实行百元销售工资含量制，对批发人员实行百元销售毛利工资含量制，对管理人员实行百元利润工资含量制，每月月底结算。以竞争拉开了职工的工资档次。

　　"省下的顶如挣下的。"从事商业的人都这样说。我们商场开展的"五个一"活动就是从节约一度电、一张纸、一条绳、一块纸板、一块包布做起兴旧利废。规定装车卸货从不雇人，一来可以减少费用开支，二来可以防止商品损失，仅这一项每年节省开支一万多元。商场内修补搬腾也从不雇人，扩建库房、开辟二楼营业场所，职工义务劳动 8000 多人次，节约资金 5 万多元。人们说我们商场的职工是多功能的，这一点也不夸张，他们提起大铲能上墙，拿起锛斧是木匠，有会拿剪刀的、会踏缝纫机的，样样能干，在我们商场发挥了不可磨灭的作用。

▶ 府谷县人民商场外景。约拍摄于 1998 年。

苏卫东　提供

> 府谷县创建"双拥模范县"工作，人民商场
> 作为看点之一。拍摄于 1998 年。
> 陈文亮 摄 府谷县档案馆 提供

▲ 人民商场外景（部分）。拍摄于 1990 年代。

马子亮 摄

▶ 人民商场一角。
马子亮 摄

　　人民商场走出了成功的路子，两年时间商场的营业额与承包前相比，增长了 13.2 倍，为国家创利税是过去 11 年的总和。固定资产由原来的 17 万元增加到 38.5 万元。1990 年取得了销售 782 万元、利润 28.9 万元的好成绩，创历史最好水平。1991 年商场投资 40 万元，开辟了二楼中心营业厅，使人民商场真正成了邻省近县有名的营业场所。

　　1991 年商场转入第二轮承包后，本着"国家放权，内部管严，放而有度，活而在序"的原则，坚持以强化管理为手段，扩销提效为目的，在全体职工中开展了"艰苦创业，共渡难关，群策群力，扩销提效"的活动，取得了全年销售 766 万元的好成绩。1992 年元旦，二楼中心营业厅开始营业，截至 6 月底销售额达 460 万元，为府谷经济发展作出了贡献。

人民商场在深化改革的同时，既重视经济效益，更重视社会效益，一跃成为榆林地区商业战线的一面旗帜，连续四年被地区行署授予"三优一满意"企业，"重合同、守信用"企业等称号，多次受到省、地、县领导的赞扬。

原人民商场副经理马爱林说：

1976年，我被县计委招收分配到百货公司，身份为"亦工亦农"。当时人民商场（百货大楼）即将开业，公司招收的几十个工人和老职工一起组织各种商品，准备开业。人民商场于1976年冬季正式开业，属于府谷县当时最大的综合型零售商场。我在商场工作了三十年，商场不仅吸引了府谷的广大顾客，更吸引了保德县的一大批顾客，商场的商品齐全，职工的服务态度好，得到了府保两县消费者的好评。

我们人民商场善于调动职工的积极性，在工作实践中，以深化企业改革为指针，以强化内部管理为手段，以提高经济效益为中心，采取了一系列果断措施，使企业和职工的面貌发生了很大的变化。

　　进入上世纪 90 年代后期，人民商场所在的那条不到五里的街道上，临街建筑物大部分改装成营业门市，个体、集体、国营一哄而上，江、浙、川、晋、蒙以及本省的一些厂商、个体户纷纷跻身府谷市场，人民商场发展面临严峻考验。为此，商场职工开展了一次"市场疲软，我们怎么办"的大讨论。另一方面"主动出击，寻找机会"，及时了解市场动态，捕捉商品信息，灵活掌握商品价格。尽管如此，

在市场洪流中，人民商场的发展劣势逐渐显现，我们的经营网络也发生了动摇，后期走向衰落。总的来说，人民商场有一支素质较高的职工队伍，经济效益有了显著增长，连年受到省、地、县及有关部门的表彰，人民商场为府谷县经济发展起到了一定的作用。

◀ 人民商场一角。约拍摄于 2000 年后。
　马子亮　摄

▼ 人民商场宣传彩车。
　马子亮　摄

第九篇

电影往事

一块白色银幕

一架放映机

不知给多少人

带去欢乐和畅想

撰稿：刘丽

"今晚看电影。"一块白色银幕，一架放映机，不知给多少人带去欢乐和畅想。

早在民国二十九年（1940年），国民政府军事委员会政治部的放映队在陕西延安、榆林等地就开始举行放映活动，后赴绥远时途经府谷县放映了纪录片《冯玉祥抗日演讲》《保卫我们的土地》等，进行抗日宣传。这是府谷县放映的首场电影。

新中国成立之后，陕西省文化局电影处直属电影放映队先后两次来府谷、神木巡回放映，在县城、麻镇、哈镇、孤山镇、新民镇等地放映电影《白毛女》《光荣人家》等国产黑白故事片。

1956年4月25日，府谷县电影队成立，标志着府谷电影事业的真正发端。刘玺任队长，放映员陈秉华、王肇万、高继欢。使用"长江牌"16毫米放映机（俗称"重16"），配备1101型汽油发电机。电影队建立初期，借用县城文化馆四合院进行售票放映，票价为成人1角，儿童5分。农村实行包场放映，每场收费15至20元。

◀ 府谷县放映队最初使用的1101型汽油发电机。

马子亮　摄

▲ 府谷县农村放映场景，约摄于 1960 年代初。

马子亮　摄

▲ 1960 年 5 月 16 日，陕西省文教群英会部分府谷代表合影。王肇万是府谷县第一批放映员，
他参加此次会议获得"陕西省劳动模范"光荣称号。

王肇万（后排右一） 提供

1962 年，麻镇区成立府谷县第一个农村电影队，主要在府谷县东部农村开展电影放映。

农村放映员们寒来暑往，跋山涉水，不畏艰辛地把电影送到千家万户。王肇万是电影队成立后的第一批放映员，一干就是十几年。他担任过府谷县电影队队长，出席过陕西省政府召开的"文教群英会"，并获得"陕西省劳动模范"光荣称号。他回忆说：

上世纪五六十年代，农民是非常稀罕电影的，一场电影能吸引十里八乡的村民赶夜路来观看。全县 23 个乡镇，130 多个放映点，每年巡回放映 2 次，至少要放映 260 多场。

很多人以为放电影是"黄亮"的美差事，轻省，其实不是。在农村放映，每天起床第一件事就是打捆铺盖，随送机器的村民步行转点。冬寒夏暑，日晒雨淋，非常劳累。有一次转点发生意外，运送途中拉机器的牛车陷在河里。当时已临近腊月，河床结冰了，我和队员挽起裤子，下到河里搬机器。就因为那次下水我得了关节炎，至今一年四季都得戴护膝。

每到放映地根本顾不上休息，栽杆子、挂银幕、搬机器，还得保养检修机器。电影放完，观众散了，我们收摊子睡觉已是半夜，次日再转点，几乎已成规律。特别是在 1958 年"大跃进"期间，上级下达硬性指标，要求一年放映一千多场，并下发很多免费的科教片。为了完成上级任务，每天都在凌晨一两点钟才放完，其实观众早就走完了。

放电影虽是苦差事，但看到黑压压一片观众在银幕前聚精会神地观看，所受的劳苦也就不觉得了。放电影最苦的不是放映工作本身，最头疼的两件事是放映后的收费和第二天的机器运送。当时一场电影 30 块，都是周围几个自然村集资负担，拉运机器的牲畜也是几个村摊派，那个年代人穷，经常头年收不足费用来年再催要。牲畜不到，机器无法运输。我遇到困难总是找乡干部沟通，那些年多亏了他们出手相助。

　　1963 年，府谷县电影放映站成立，租用府谷大礼堂作为放映场所。大礼堂能容纳观众 600 余人，座椅为木条长椅，条件简陋，但能遮风避雨，群众看电影环境得到一定改善。电影票价为 1 角或 5 分。

　　1964 年，府谷电影队改为府谷县电影一队，麻镇区电影队改为府谷县电影二队，两个电影队分别在农村开展放映活动，年放映电影 400 多场，主要放映《地道战》《苦菜花》《回民支队》及纪录片《人民战争万岁》等影片。

　　老百姓为看一场电影，不惜跑几十里山路；孩子们为看一场电影，兴奋得彻夜难眠。电影放映员每到一处，老百姓热茶好饭，热情款待，帮着架电线、挂银幕、抬发电机、搬桌椅板凳，为的就是能看好一场电影。放映员成为农村的大明星，家喻户晓。

▲ 府谷大礼堂兴建于 1950 代初，可容 600 余人。
约拍摄于 1965 年。
马子亮 摄

渭南师范学院讲师陈出新回忆起儿时看电影的情景，仍然喜不自禁。他说：

我生于清水，那是一个六七百人的村子，好在是公社所在地。全县二十几个公社，下乡公映轮到每个乡镇一年中也就一两次不等。

每当听到公社喇叭里传来"电影放映队要来清水慰问革命群众，公映三天"的消息，大家兴高采烈。我当时上小学，最让人火急火燎的是电影队啥时能到来，把人急得睡不安稳，简直恨不得早上醒来，马上就让太阳滚下山。

电影队来的前一天，街道清扫一空，墙面、电线杆、机关大门贴上了宣传革命的口号，那条幅多为红、黄、蓝纸，黑毛笔书写"提高警惕，保卫祖国""听毛主席话，跟共产党走""一定要解放台湾"等。

放映当天对于清水人而言，其欣喜如同过年，大家见面就说："今天晚上看电影！"距离电影开演还有很长一段时间，四村八乡的人，好多大人领着孩子，一家就有一大群。

那时农村放映，千篇一律是公社干部先讲话，革命形势一片大好。接着开始"纪录片一号"，内容多为伟大领袖毛主席和工农兵群众代表握手致意等。每年如此，可是我看后仍然很激动。

有时，猛然打问到邻村别寨放电影，喜欢热闹的半大小伙子们也去看，我们小孩跟着去凑热闹。我记得去石山子村、古圪垯沟村看过一两回，大清早就走了，半夜三更往回赶，实在是又饿又乏，一天没吃一口饭。

▲ 府谷县放映员到农村办黑板报，宣传农林科技知识。

马子亮　摄

1966 年进入"文革"后，放映的影片也具有明显的时代特征，主要有彩色纪录片《毛主席和百万文化革命大军在一起》《毛主席接见红卫兵和革命师生》等，以及《地道战》《地雷战》《南征北战》等"三战"故事片。

1969 年 5 月，府谷县电影管理站成立，并先后在绝大多数乡镇组建电影队，采购了一批天津产放映机和脚踏发电机。

▲ 1972 年，府谷放映员在府谷大礼堂门前合影。
　马子亮（左二）提供

马子亮 1966 年开始进入府谷电影行业，工作了 17 年。回忆那些年的放映时光时他说：

上世纪 60 年代的府谷农村，连照明电都没有，文化生活极为匮乏，群众一年只能看一场戏和一两场电影。放电影在当时被看得很时髦很神秘，每到一个放映点，群众把我们紧接紧待，非常抬举。很多老年人没见过电影，又不懂，稀罕地问："布片片上能有那么多人？红火呢！"

当时去每个放映点都由各队社员负责接送，道路难走，能走平板车的路都很少，主要靠驴驮驮子[1]。1101 发电机重 176 斤，其他机箱重 120 多斤，放电影的人，得先要学会绑驮子，驮子高低轻重要平衡掌握。有次大早上从大昌汗元壕村转点到黄太沟村，黄风沙尘特别大，走着走着就跟驮驮子的社员走散了，路又生，走到黄太沟村已是太阳落山，吃了口饭，赶紧收拾准备放映。

那个年代群众看电影的热情非常高，一度只放映彩色纪录片《毛主席是我们心中的红太阳》《毛主席与百万文化革命大军在一起》等。下一轮乡只带一部片子，放半小时。有些群众看了一遍还要再看一遍。庙沟门公社沙梁村好吃好喝招待上，第一晚看了两遍，第二天不让走把部分机器藏了，还要看两遍毛主席。放到毛主席接见群众的场面，掌声不绝，还高呼"毛主席万岁万万岁"！

每次放电影前，先放一段"土电影"，通过幻灯制作的地方宣传片《府谷简讯》，如《舍己为人石乃娥》《石庙塌打坑田》等。1977 年，府谷制作的三镜头幻灯片《姊妹二人齐夸前石畔》，在榆林地区举办的汇报表演中获得二等奖，还参加了全省汇报表演，由我和刘存柱等人自编自演。

1　驴驮（tuó）驮（duò）子，"驮子"指驴背上的筐。

▲ 府谷县放映员马子亮操作"长江牌"16毫米放映机，在大昌汗下乡放映。
约拍摄于1969年。
马子亮 提供

▲ 1977 年，榆林地区电影公司三镜头幻灯汇报表演赛中，府谷县自编自演
的《姊妹二人齐夸前石畔》荣获二等奖。
马子亮（二排右三） 提供

1973 年，是府谷电影事业发展的关键一年。府谷县电影管理站引进了一套"新曙光"35 毫米固定放映机（俗称大座机），放映设备有了质的提升。首映影片是由《咱们的领袖毛泽东》等五首民歌组成的纪录片。当年 9 月首次上映宽银幕彩色电影，放映朝鲜故事片《卖花姑娘》，4 天放映 19 场，创府谷电影放映之最。

1974 年，府谷县城乡陆续放映《红灯记》《智取威虎山》《沙家浜》等 8 部"革命样板戏"，同时国产新片《艳阳天》《青松岭》等也相继上演。

在府谷大礼堂，每场电影人山人海，一票难求，有的孩子因为买不到票或买不起票，不惜翻墙越门。电影院（站）为满足观众的需求，增加场次，提高放映质量，努力让观众乘兴而来，满意而归。

▲ 1979 年 12 月，府谷县电影系统干部合影。

前排左起：徐二命　胡板样　文中兴　刘　玺　王肇万　张喜才　张祝英　苏梅梅

中排左起：马子亮　班来福　袁付林　韩秉英　刘存柱　苏文权　吴外牛　苏改平　王镜明

后排左起：杨子义　贺正高　苏润生　张振斌　刘国荣　蔚章有　王文孝　王西银　王　田

徐二命　提供

摄影师赵勇回忆起小时候看电影的情景时说：

1972 年我上小学后，就开始在府谷大礼堂看电影了。那时正值轰轰烈烈的"文化大革命"中期，演的都是些革命样板戏，最早的是《红灯记》，里面的人物耳熟能详，有些精彩唱段至今我也能唱背如流。还看了几个译制片，里面经典台词真不少，比如"面包会有的，牛奶会有的，一切都会有的"。社会上的人一遇到缺食少穿、缺这短那的时候就用这句台词鼓舞人心。

当初的电影票一毛钱一张，演重茬[1]片子也有 5 分钱的。我们弟兄几个有时为了省钱故意少买一两张票，在检票口引道的铁栏杆旁，拿票的哥哥们赶紧往里走，我机灵地从栏杆的夯旯钻进去，跟在哥哥们背后溜进去，不过这是偶尔的事情。有时放映中间还查票，工作人员掐个手电筒挨个往过看票，没票的人东躲西藏，有的甚至躲进了厕所暂避风头。

那时放电影在大礼堂，能盛六百余人，每场电影后排总还要站一些人。有天演老片子《孙悟空三打白骨精》，售票口挤得是人山人海，我们这些半大小子根本走不到跟前去，只有那些大后生用上蛮力才能挤进去，个个龇牙咧嘴，即使挤进去买上票，从人缝里钻出来也不容易。电影开演的阶段，电影院内外是人如潮涌，尤其花栏墙子上一直趴着一溜看客，从上午一直到半夜，因为片子火，所以连轴转。而且启用了不远处的小礼堂同时放映，小礼堂的窗户上爬满了通过缝隙偷看的人。真是一票难求啊。

---

1 "重茬"为土语，意为重复放映。

　　1978 年府谷影剧院竣工。由大礼堂搬至影剧院放映，放映设备更新为"松花江牌"35 毫米大座机。

　　1976 年，农村 23 个乡镇都有了放映队。水泥厂、氮肥厂、府谷中学等企事业单位也相继建立了放映队。

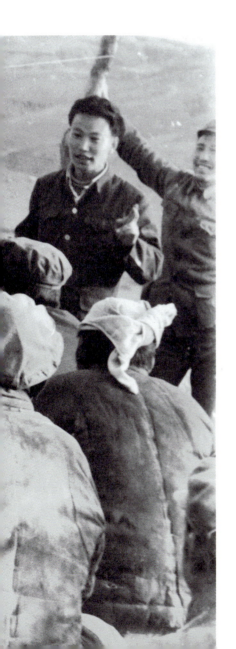

▼ 府谷县放映员党忠下乡放映
时给群众讲电影。
马子亮　摄

府谷县县直工委原书记赵锋华谈到看电影
时说：

上世纪六七十年代，府谷正处于贫困时期，群众不仅物质生活极度贫乏，精神文化也非常单一。一场露天电影是那个时代人们精神文化生活的"顶级盛宴"，人们对看电影是非常渴求的。

我第一次看电影是70年代初，在新民公社沙渠大队放映电影《奇袭白虎团》。电影队只有两个人，社员赶一头驴驮着驮子接送，一边驮的是脚蹬发电机，另一边驮的是放映机。人们一听说村里放电影，犹如过大年一样喜庆，十里八乡的人们扶老携幼、吆三呼四赶往放映的沙渠大队，一个只有140多口人的村子一下涌来四五百人。那时放映用的是老式胶片，在学校操场或生产队大院子里，两根木头杆子，把银幕挂上去。当时电影队用的是脚蹬发电机，队长派两个青壮小伙子，像蹬双人自行车一样脚踩发电，不一会儿就累得气喘吁吁，由于性能差，电压不稳，放映质量也随着两个人的脚踩节奏，起起伏伏，画面或慢或快，声音忽高忽低，放映员就催两人用劲踩，队长也呵斥两人没好好用力。一场电影一般四本胶片，每放完一本要中途换片，放映时长近三个小时。那时一个一二百人的小队一年只能放映一次，人口多的超过五百人的生产大队一年最多也只放映两次。

那个时代出产的影片不多，几乎都是黑白片，视觉效果一般，但每部都是经典，《南征北战》《打击侵略者》《英雄儿女》《冰山上的来客》《苦菜花》等，实景拍摄，生活化的化装与道具，朴实的表演，塑造出一个个形象生动、充满生活气息的鲜活形象，令人记忆深刻。有时，一部片子要循环放映两三年，一部影片看好几遍，但人们看不厌。

记得第一次在电影院里看电影是 1975 年在大礼堂，我是干了一个月家务活才换来母亲 2 毛钱的奖励。要知道那时候，一斤羊肉才 5 毛钱，买票看电影是件很奢侈的事。那天放的是大型舞蹈史诗《东方红》，大礼堂连走廊过道都站满了人。

1978 年冬天，能容纳 1500 多人的府谷影剧院正式运营。这个时期的经典电影很多，比如《庐山恋》《牧马人》《五朵金花》《第二次握手》等，府谷影剧院当时在榆林县级剧院中是属于大容量的，即使这样，遇有热映的电影，场面也异常火爆。记得上映《少林寺》时，连续放映三天，简直是一票难求，万人空巷。

▲ 1978 年，府谷影剧院建成投用。建筑面积 1475 平方米，可容纳 1500 多人，是当时府谷县内第一座大型建筑。

马子亮 摄

府谷县电影系统部分干部职工合影。

徐二命（后排左二）提供

1980 年，府谷县电影管理站更名为"陕西省府谷县电影发行放映公司"，为省直管下属放映单位。截至 1980 年底，府谷县共有放映单位 34 个，放映人员 81 人。年放映场次达 4046 场，观众超 200 万人次，放映收入 15 万余元。

　　1984 年 6 月，府谷县电影院将炭精弧光灯放映改为氙灯放映。1985 年 7 月，府谷县电影院放映的银幕更换为金属银幕，放映的第一场立体电影为《欢欢笑笑》。

　　1987 年 9 月，府谷电影公司、庙沟门电影队、田家寨乡电影队以及科教电影队放映员阎民忠获得国家六部门联合表彰奖励。

　　1993 年 6 月，广电部下发《关于深化电影行业机制改革的若干意见》，标志着一个电影时代的终结。1994 年，府谷县电影公司由原省管下放县管，走上了"盈不要、亏不补"的自主经营之路。电影公司开设电影厅放映，后因无供片渠道，到 1998 年，全县仅有的三家放映单位，也先后停业。

　　吴外牛从 1971 年进入府谷电影系统工作，先后任府谷电影院、电影公司经理，直到 2010 年退休，在电影系统工作了四十多年。谈到电影时，他不无感慨地说：

　　1956 年我县第一支电影队成立，电影从此进入了城乡大众的视野。四十年里府谷电影放映事业是从无到有不断发展壮大的，它倾注了广大放映人员辛劳的汗水与辛酸。

◄ 府谷县电影公司放映员在农村放映的场景。约拍摄于1990年代末。
　王世明　提供

　　"文革"前的十多年，电影"百花齐放"，优秀电影吸引了大批的观众，极大地丰富了人民群众的文化生活。《我的祖国》《九九艳阳天》《洪湖水浪打浪》《花儿为什么这样红》等一大批电影歌曲成了街头巷尾、校园的流行歌曲，《英雄儿女》里的台词"向我开炮"成为玩童们"打仗"的口号。

　　上世纪60年代末至70年代初，在原有的"两队（电影队）一站（院）"基础上，全县发展组建了23个人民公社的电影队，实现了"村村挂银幕，人人看电影"的目标。城市影院也更换成氙灯新光源放映设备，放映效果得到了提高。城市看电影一票难求，农村家门口就能看到电影。80年代初随着电视的普及以及录像放映的冲击，电影市场衰落的迹象明显。但总的来看，这三十年还是电影的一个红火的年代。

　　后期到90年代末，电影发展日渐式微。广电部出台了《关于进一步深化电影行业机制改革的通知》后，城市影院没有片源，农村放映队原有的收费模式难以为继，加之我们电影系统也不能跟上改革的步伐，陷入了改制的"阵痛"。城市影院、农村电影队处于停业状态，放映队伍大都流失，意味着一个电影时代的彻底终结，另一个全新的电影时代即将到来。

第十篇

府谷影剧院

府谷影剧院

最具魅力的时代地标

特殊的县域文化符号

多姿多彩的形态

蕴藏着几代人的美好记忆

撰稿：张志丽 付欣

▶ 府谷影剧院全貌。拍摄于 1988 年。

马子亮　摄

　　府谷影剧院坐落在县城十字街口西南，1975 年动工，技术工序由县建筑工程队承担，基础及笨重小工由府谷县各单位职工轮流充当义务工完成，连同设备共投资 8 万元，1978 年交付使用。

　　倪德毕业于西北林业大学，1970 年 7 月，他和妻子白世兰一同被分配到府谷县工作。他曾在《难忘的岁月》一文中写道：

　　我在府谷工作生活了十多年，其间主要做了三件事，都很平凡，但都很尽力。其中有一件事是参与府谷影剧院的设计与施工。工程涉及建筑、结构、光学、电学、材料学等多方面知识，一般正规的设计院需要十几个人，然而，府谷县革命委员会只给我配了一名扫描员。施工都开始了，设计还没影呢。为了让设计跟着工程进度走，经常熬通宵，眼睛熬红了，体重减轻了，其难度与强度是常人难以想象的。整整干了 60 天，初步完成了设计任务。影剧院可容纳 1500 人，有楼座，有放映室，有乐池，可开县级大会，能办文艺演出，能放电影，在当时全榆林地区也算功能齐全的影剧院之一。为此，县上给我奖励了两级工资。影剧院的规划设计，是我工作中很有纪念意义的一件事。

♥ 府谷影剧院门前争相购票观影的群众挤得水泄不通。
拍摄于 1978 年。
马子亮　摄

影剧院全长 53 米，宽 25 米，建筑面积 1475 平方米，是当时县内第一大建筑。整个影剧院由门厅、乐池、舞台三个部分组成。门厅面积 325 平方米，设有值班室和楼道，二楼放映室前设有楼座 427 个，三楼为试映室、会议室和宿舍。舞台台口宽 14 米，高 6 米，深 13 米，面积为 250 平方米。台唇下为乐池，可容纳 40 人的乐队。表演区全部为木质地板，下部采用柱式支撑。影剧院屋顶为钢木人字架结构，施工中成功地使用了土法吊装等节减费用开支的办法。

府谷县影剧院第一任经理王肇万回忆说：

"文化大革命"时期，只有八个样板戏和"三战"影片（《地雷战》《地道战》《南征北战》）可以放映，人民群众的文化生活极度匮乏。1970 年代后期，解禁了过去所有的优秀影片，电影迎来了前所未有的黄金时代，观众一时大饱眼福，上座率创下建院以来的最高。

1978 年电影院搬迁到新建的影剧院，有 1599 个座位，每部新片另外安排在下午连映两场都不能满足观众的需求，后来我们加了中午场。影剧院中间的座位称"好票"，好票一票难求啊！影剧院的工作人员在对外公开售票前，每人给家人、亲属、朋友留数十张"好票"，这无形中抬高了工作人员的社会地位。

　　电影爆红时，放电影的人自然很是风光，可我们也有头痛的事，那就是每天的查场子。那个年代人们不是很富裕，一两毛钱的电影票有的人不想买，也有的人买不起，这就使得逃票混场的人很多。我们查得松了场子就会混乱，也影响影剧院的收入。查得严了难免和观众发生争执，甚至会发生肢体冲突。后来我们通过和派出所联系，请他们协助查场，一般混场的训诫退场，情节恶劣的请上台亮相示众，在这种管理下，混场的人减少了，场内的秩序也大大好转。

　　影剧院为了创收和满足观众文化生活的需求，府保两县电影院经常互通影片，单位指定专人骑上摩托车来回跑片。有一次保德演《甲午风云》，他们晚上放映，我们借来白天放映，从早上8点到晚上8点共安排了六场。放映的头一天就在大喇叭上通知市民，大喇叭一响，买票的人就蜂拥而至，看电影的观众3000多人次。还有一次，影片《孙悟空三打白骨精》保德县晚上10点多才能演完，我们就借来在大礼堂和影剧院安排了两场。

▲ 府谷影剧院门前观看放映的群众蜂拥而至，热闹非凡。拍摄于 1978 年。

　马子亮　摄

▲ 府谷县在影剧院召开三级干部会议。

马子亮 摄

由于府谷县再没有更大的公共场所，每年县上组织召开的三级干部会议和其他的重要会议都要在影剧院举行。能在城里偌大的影剧院开会，也是干部们的一种荣耀。

府谷县政协原专职常委石治宽回忆说：

1978年1月13日，我作为哈镇人民公社西湾生产队的队长，到县城参加全县四级干部会议，那天主会场就在刚修建好主体工程的影剧院。记得影剧院还是毛墙毛地，座椅也没安装上，地上摆着一排排木头毂栊[1]，参会的人就坐在上面。当天天气特别寒冷，影剧院只烧着两个大火炉子，尽管大多数人都穿着大皮袄、大毛毛暖鞋，还冻得直跺脚呵气。会场两侧墙上贴着红红绿绿的彩纸标语。会议内容是学习毛泽东主席《论十大关系》，安排部署全县"农业学大寨"工作。

府谷县物价局原局长曹金牛回忆说：

记得我担任木瓜乡副书记期间，每年年初县上要在影剧院召开三干会议。1988年正月初八，中共府谷县委、县政府通知全县三级干部到宾馆报到，召开全县三干会议，大会会址设在影剧院。当时参加会议的人员有：县级领导、县级各部门副科以上人员、各乡镇全体干部、各行政村党支部书记、村民委员会主任和农村改革中的先进代表、县上离退休老干部。出席大会人员共1400多人。

---

1 "毂栊"为土语，指没有经过处理的圆木。

▲ 1993 年 10 月，府谷县在影剧院召开全县教师节表彰大会。

陈文亮　摄　府谷县档案馆　提供

▲ 1998 年，府谷县在影剧院召开三级干部会议。
陈文亮 摄 府谷县档案馆 提供

府谷影剧院也是戏剧文艺演出的场所。府谷县晋剧团成立于1950年，是一个拥有70多年历史的专业戏剧表演团，主要承载着府谷文化宣传、乡镇文化演出任务。当时，影剧院晋剧表演主要是由县剧团和周边县的剧团来演出。

府谷县文工团原编导、演员陈日升回忆说：

1978年年底，府谷影剧院正式竣工落成。原体育场的广场旧舞台未拆除，作为影剧院舞台的附属设施予以保留，也是县剧团平时排练、演出化妆、放服装道具的空间。

影剧院坐南向北，斜对面是文化馆，后院一墙之隔的是晋剧团新址，影剧院集戏剧文艺演出、电影放映、会议集会三项功能为一体，是当时最具人气的文化活动场所，文化气息浓郁。记得1978年元旦，县文工团（后改名为晋剧团）在新落成的影剧院进行首场演出，由于剧院刚投入使用，灯光、音响设备比较简陋，配套设施也不够完善，取暖采用的还是烧煤的大火炉。

在那个百废待兴的年代，传统古装戏不断解禁，新编历史戏相继涌现，演出剧目日益丰富，戏剧舞台空前精彩，呈现出万紫千红的景象。县晋剧团在剧院先后上演了《十五贯》《逼上梁山》选场、《三岔口》《挡马》《武松打虎》等剧目。

▲ 府谷影剧院演出晋剧《铡美案》剧照。
马子亮　摄

▲ 1991年，府谷县"三干"会在府谷影剧院召开，晚上进行文艺演出。图为现代

小戏《夕阳情》剧照。该剧由陈日升编导，荣获陕西省多项大奖。

陈日升（右二）提供

上世纪 80 年代初，随着影剧院演出设施的逐步完善，吸引了晋、陕、蒙周边许多艺术表演团体来府交流演出，接待过山西省保德县晋剧团、太原市豫剧团、山西省歌舞剧团、内蒙古准格尔旗晋剧团等专业艺术表演团体。他们所演出的剧目给广大观众带来了美好的艺术享受。特别值得一提的是，作为隔河相望、秦晋之好的府谷、保德两县晋剧团，在影剧院联袂演出了传统戏《打金枝》，主要角色成双配对，均由两团名角领衔主演，演员阵容强大，演出场面壮观，多年以来那场晋陕两个跨省文艺团体的同台献艺、合作交流活动在业内传为佳话。另外，影剧院还曾迎来山西省晋剧"名角"王爱爱、田桂兰等前来演出，轰动一时。

那个时期的影剧院除了开展日常的演出活动外，还承担县里重要接待演出任务，记得 1979 年为了欢迎时任山东省委书记高克亭回家乡探亲，县上相关部门组织了专场接待演出活动，由县晋剧团演出了晋剧《算粮登殿》。1982 年开国少将、时任军委工程兵顾问王兆相回家乡神木探亲，专程前来府谷看望曾经的部下黄进山、路光明，县接待办照例举办专场接待演出活动，由县剧团演出了《三滴血》，两位首长分别观看了由家乡剧团名角赵才茂、龚文秀、郭青山等表演的梆子戏。这是影剧院历史上接待规格最高的两次演出，演出活动取得了圆满成功。

原府谷县影剧院经理张振斌回忆说：

　　影剧院的建设是在县委书记雷步洲的倡导下，全县干部职工作为义务工修建而成的，于1978年正式运营，影剧院当时算得上是榆林县级剧院中容量最大的。单位隶属县财政局主管，事业单位企业管理，自收自支，主要功能是电影放映、戏剧演出、会议服务，全年各项活动1400多场。影剧院除三大功能外，县上的其他重大活动也在影剧院举行，一年一度的"三干"会、欢送新兵入伍晚会、节日庆典晚会、亚运会开幕式庆祝活动等全部在影剧院举行。

　　80年代的影剧院由于是单独核算单位，是付费使用的，县内外的每场活动都要收取费用，县内使用收取所售票总金额的5%，县外使用收取10%，这样既保障了影剧院的正常运营，也为府谷县各项事业的发展起到了一定的推动作用。那时每天到了下班时间，十字街影剧院人山人海，买票看电影排队的人像一条长龙，一票难求，记得上映电影《少林寺》时，从早上8点到晚上2点，连续放映了11场，场面至今难以忘记。

▲ 府谷县在影剧院举行抗洪功臣王彦平烈士庆功表彰大会。王彦平是府谷县清水镇冯家塔村人，1997年12月应征入伍。1998年7月27日，在湖北武汉咸宁抗洪抢险中为救群众不幸牺牲。广州军区空军某部批准他为烈士，追记一等功。

陈文亮 摄 府谷县档案馆 提供

1990 年 9 月 13 日，府谷县组织干部群众在府谷影剧院门前隆重举行神木—府谷"亚运之光"火炬接力交接仪式。活动主持人是县委副书记王锋，府谷县县委书记郭加水讲了话，火炬手们手执火炬在街道上匀速慢跑，市民们激动地大喊加油。1990 年 9 月 22 日至 10 月 7 日，亚运会首次在中国北京举行，这是中国第一次举办综合性国际体育大赛。"亚运之光"火炬接力历时一个多月，全程 18 万公里，遍及当时中国 30 个省、自治区、直辖市，参加者达 1.7 亿之众。

马子亮　摄

改革开放之初，古装戏正式开放，港台影片解禁，文艺倡导"百花齐放，百家争鸣"，各种古装戏在影剧院陆续上演。县剧团的《游龟山》《卷席筒》《十五贯》《蝴蝶杯》《法门寺》等节目一演就是一月有余。山西石楼剧团演出的《金镯玉环记》一演就是十多场，佳县剧团演出的《狸猫换太子》连续上演了半个月。

80 年代中后期受电视和录像放映的普及，影剧院的观众越来越少，过去那些热闹的场面一去不返。90 年代末电影放映没有片源，城市影院跟不上改革的步伐，影剧院也陷入停业状态。2007 年府谷影剧院拆除。从此，人们记忆中影剧院里的电影、戏曲、会场永远留在了那个年代。

▲ 1983 年 3 月 29 日，府谷县电影系统和影剧院部分干部职工合影。
张振斌（后排左一）提供

第十一篇

兴修水利

黄河奔腾

环城而过，经流四方

在厚土高原上

源泉富集，水脉不息

滋养了世代府谷人

撰稿：傅凯顺

▲ 黄河进入晋陕大峡谷，流经府谷，以其充沛的水量惠及两岸。约拍摄于民国
时期。据雍正《府谷县志》记载，此为府谷八景之一：峡口惊涛。
张永华　提供

府谷县地表水和地下水非常丰富。黄河从墙头村进入府谷境内，流经县境108千米。黄河进入晋陕大峡谷，以其充沛的水量惠及两岸。府谷境内有黄甫川河、清水川河、孤山川河、石马川河纵贯全境；牸牛川河流经府谷县大昌汗18.5千米，其次还有长沟、小南川沟、胡桥沟、十里长川等。

　　20 世纪 80 年代前，黄河支流都是长年流水，雨季还时有洪水暴发。府谷沿黄河孤山川河段及其他漫滩地带，有丰富的地下水。县城南侧黄河漫滩的潜水，为地下水富集带，最大涌水量 1000 吨 / 日，只是水位埋藏较深，不易开采。此外，府谷遍地都有水量不等的山泉。

　　府谷属于陕北黄土高原，受季风气候影响，年降水量 453.4 毫米，降水偏少，春旱、春夏连旱、秋旱、秋冬连旱等各种旱象交替发生。为了抗旱保丰收，府谷人摸索过提水、蓄水、积水、引水、抽水等办法。

◀ 府谷县干旱少雨，孩子们在河边取水成为
　日常情景。约拍摄于 1970 年代。
　马子亮　摄

▲府谷县哈镇陈家圪堵村卫生井。约拍摄于 1970 年代。

马子亮 摄

▼ 府谷县山大沟深，村民们往往要赶牲口去拉水吃。约拍摄于 1980 年代。
马子亮　摄

▾以畜力为动力的水车浇地场景。
马子亮　摄

府谷县墙头村老支书王清玉对他们村用水车车水有深刻的记忆。他说：

墙头土地平整，地下水源丰富，挖十几米或二十米即可见水，用石头砌个井口，先用桔槔打水浇地，后来改用水车车水，推水车多用牛和驴，若是没有牲口，人推也可以，只是很费力，推几圈下来便大汗直冒，赶紧换人接着推。用畜力为动力，水车有连续性，在上世纪50年代是很先进的浇水方式。轮到谁家浇水，一般都是全家总动员，抽水的、看渠的、浇地的，非常忙，非常劳累，可是一般来说丰收还是有望的。

中华人民共和国成立后，国家高度重视水利事业，1952 年毛主席在视察黄河时提出"要把黄河的事情办好"。20 世纪 60 年代初，毛主席在视察黄河和淮河时又发出"水利是农业的命脉"的号召。自此，全国掀起了轰轰烈烈的农田基本建设高潮。府谷地处黄土高原，山峦起伏，沟壑纵横，水土流失严重，其中黄甫川河是黄河含流沙量最大的支流，加上生物覆盖率低，雨量集中，很容易形成山洪暴涨的局面。府谷根据自然条件积极应对，首先就是打坝蓄水。

▲府谷县哈镇陈家圪堵生产队大搞农田基建的场景。

马子亮　摄

▲ 府谷县麻镇坪伦墩生产队打坝挖渠场景。

马子亮　摄

20世纪50年代至80年代各地每年都有打坝项目，县政府、人民公社、生产大队以及生产小队都有各自的打坝项目。每年春秋两季都投入大量的劳动力打坝。生产小队打坝不离村，县、社、大队打坝都要社员自带吃米一斤、山药二斤、铁锹一张、箩头扁担一副。

木瓜柳沟大坝于1959年动工，整两年才完工。柳沟村民刘福全回忆说：

当时打柳沟大坝的人很多，有一千多人，有府谷的民工，也有神木的民工。每两个月轮换一次民工，民工都是自带工具，自带吃米，自带山药，每天都是山药焖饭，冬天有腌酸白菜，一天干10多个小时。为了赶工，经常搞夜战。柳沟附近的村子有西梁村、郝家梁村、双墩村、石畔村等，有村民主动给外来民工让房、做饭、挑水，男女劳力都要到工地劳动，每人每天生产小队给记10分工。春天打坝时间较短，秋天打坝一般情况下要坚持到上冻才停止，个别也有打到腊月二十几的。1972年提倡过革命化春节，到了大年三十，打坝工地依旧热火朝天。生产队为了鼓励社员打坝，每天每人工地给吃一碗山药焖饭，那时社员生活困难，非常看重这碗山药焖饭，所以参加打坝的人很多。1970年以前打坝靠的就是一把镢头，一张锹，一担箩头，最多有一辆小型推土车。人多打碌，要一人唱打夯歌，大家齐发力才能抬起石碌。领唱"大家一起来呀！"众人"哎嘞哎嗨呦呀！"歌词随编随唱，为了调动众人的劳动热情，大部分歌词比较酸，引人一笑，解除劳乏。靠人工打坝，费时费力，由于坝基夯实不均匀，抵抗不了洪水的冲刷。

1970 年以后，用引水拉沙的方法打坝，大大减轻了社员的劳动负担，加快了打坝的速度，而且坝体坚固。引水拉沙是用柴油机把水抽到高位，让水向下流动，利用水的冲刷力将泥土沙石引入坝体。坝体做好围堰，待泥沙沉淀，再把水抽上去，就这样循环往复，坝体逐渐增高，大昌汗乡张三沟大坝就是用引水拉沙的方法打成的。

时任府谷县大昌汗刘三石岩队长的王治清回忆说：

我当时是大队的民兵连长、团支部书记。参加打坝的都是 6 个生产队的 60 多个年轻人，以民工连排建制。年轻人好管理，干劲大，能吃苦，可以长时间参加劳动。引水拉沙是打坝的一种新办法。水抽上来，要所有人一齐发力，将泥沙浇入水中，而且速度要快，动作要利索，否则水来了又白白地流回去，形成浪费。打围堰是重苦力活，年轻人都抢着干。隔一段时间还要加班加点。那时生活困难，年轻人体力消耗大，经常是饿着肚子干活，但从来没人叫苦叫累，所以张三沟大坝又叫青年坝，都是一班年轻人打成的。我们的农田基建专业队是青年专业队。

张三沟大坝 1975 年开始，至 1977 年建成，大坝不仅解决了刘三石岩 6 个生产队的浇水问题，张三沟下游部分村也可以放水浇地。大坝建成解决了 10 多个生产队近千人的吃饭问题。

自 20 世纪 50 年代开始打坝蓄水，至 20 世纪 80 年代各生产队、各生产大队、各人民公社都打了规模不等的蓄水坝。后来由于雨量减少，许多蓄水坝变成了淤地坝，全县较大规模的蓄水库大坝有高石崖的后河川水库、庙沟门的买卖沟水库、古城的碾房沟水库、武家庄的刘峁水库等。

▶ 府谷县石窑沟引水拉沙打坝的场景。约拍摄于 1975 年。

马子亮　摄

20世纪70年代开始使用柴油机为动力抽水灌溉。柴油机有12马力、15马力、50马力不等，各村有灌溉条件的多用15马力柴油机为动力，配一个小型水泵。提水灌溉，解决不了大面积旱情，但可以解决少量蔬菜地的浇灌问题。这种小型浇灌方式全县各村都有。直至实行家庭联产承包责任制后才停止。大型柴油机抽水浇灌，墙头村和尧峁村都由锅驼机为动力改为柴油机为动力，沿黄河段寨、大泉沟、川口、高尧峁等地方也用柴油机为动力提水灌溉。

段寨村民段青田一直从事灌站的建设以及后期的机器操作工作。他回忆说：

段寨分为上寨和下寨两个灌站，两个站基本解决了全村土地的灌溉问题。机器设备由国家投资购置，机房建设管道安装都是社员投工捐物来完成的。那时听说建灌站可以提水浇地，大家积极性很高。打永兴沟混凝土要石子，段寨河畔没有石子，扳上船[1]能到山西河畔去捡石子，捡回石子再用斧头砸碎送到工地。盖机房木料不够，社员主动把自己家的木料拿来支援工地。第一次上水，全村人都守在机房和管道跟前看稀罕。机器隆隆一响，不多一会儿水就抽上来了。随着管道流入地里，全村男女老少喜笑颜开，有的人还放鞭炮庆祝，老年人伸着大拇指说从没见过水还会从低处往高处流。

挖引水沟。
马子亮 摄

---

1 "扳上船"为土语，意为划船。

▲府谷县墙头人民公社尧峁抽水站。
马子亮 摄

　　提水灌溉是在水源水位低，耕地高，不能进行自流
引水的情况下，利用提水机器将地表水或地下水抽到一
定高度来灌溉土地。府谷最早是用锅驼机为动力来提水
灌溉。锅驼机是烧煤将水加热，利用水蒸气，带动蒸汽
机。一般由两个人操作，一个人不断地往锅炉里加煤，
另一个看机器。最早使用锅驼机提水浇灌的是墙头村和
尧峁村。

▲府谷县大沙沟生产队在孤山川上修的一道护田铁丝笼砌石河堤，堤上两台锅驼机（蒸汽机）水泵机组抽水灌溉农田。约拍摄于上世纪 60 年代初。

王春霞 提供

府谷县委宣传部原部长张乃仁是尧峁村人，他对村里烧锅驼机抽水有清晰的记忆。他说：

尧峁村锅驼机抽水站建于 20 世纪 50 年代末，地址在大滩沟，锅驼机功率是 30 马力，锅驼机也叫外燃机，烧煤加热利用蒸汽带动水泵抽水。启动时要人工拉传送带，保证旋转方向。每天烧煤 1 吨左右，可浇灌 10 亩土地，全年可浇灌 500—600 亩土地。60 年代初机房搬迁到井沟，两台锅驼机增加至 80 马力，可浇地 2000 余亩，涉及尧峁全村和前后冯家会。

▲ 府谷县新民人民公社沙沟岔生产队开挖人畜饮水井的场景。

约拍摄于 1980 年代。

高小定 摄

府谷县人大常委会原副主任吴善潜，1961 年西安交通大学毕业后被分配到府谷县"支边"。二十多年一直从事水利工作，县上许多水利工程都是由他来设计施工完成的。他回忆说：

在大学我学的是水利专业，1961 年被分配到府谷后，就一直在县水利局下属的水利队工作，直至 1984 年改行从政。在从事水利工作期间，我从野外作业到室内作业，也就是从勘察、测量、工程设计、预算上报、工程施工、技术指导和检查监督等基本全包揽。

早在上世纪六七十年代，那时县上没有汽车，农村也没有公路，下乡搞水利勘测只能步跑，而且得背上水准仪、水准测量尺、仪器支架等。除此之外，还得像当兵一样，背上小被子，因为那时候到农村都是睡的大土炕，群众家里没有多余被子，所以都得自己带。一般下乡只能带上一个雇用人员，一天得跑几十里甚至一百多里路，平路很少，大多数是崎岖山路。干部到农村都是在村民中一家一家轮流"吃派饭"，一顿饭放两毛钱和四两粮票。和群众"同吃、同住、同劳动"，但你不知道那时候农民有多穷、生活有多苦，农民大部分都住在山上，正因为没有水地，根本吃不上白面、大米和蔬菜，甚至连小米、黄米和土豆也都难得一见。

要发展农田水利灌溉事业，首先要解决的是水源问题，其次就是要有大片集中的平整土地；府谷县的水源主要是靠黄河，还有四大川——黄甫川、清水川、孤山川和石马川，四大川汛期洪水很大，在雨季有点长流水，但流量很小，平时干涸的时间长，没法灌溉，过去修过几条渠道，使用没几年也都废弃了。以后川地只好利用地下水井灌溉，同时，府谷县发展了许多"小高抽"，水源都是靠泉水和打井解决的。

府谷县农田基建的建设场面。
约拍摄于 1970 年代。

高小定　摄

　　过去中国北方都强调"蓄水为主"，那时候府谷县是水土流失严重地区，只适宜修淤地坝，也修过几座水库，但是不到几年泥沙就淤满了，变成了肥沃并且旱涝保收的坝地。后来群众利用高扬程水泵抽水，把引水拉沙造田（水力冲填）技术推广到来修"水坠坝"，那就省事多了，府谷县以后就是利用这项技术，修了为数不少的淤地坝。

　　府谷县最大的优势就是面向黄河，黄河从北向南在府谷县的东面流过，有很长的河岸线，不但有足够的水源，而且沿岸也有一些滩地和台地，如墙头、尧峁、段寨、府谷、碛塄、杨庄、高尧峁和白云乡等，这些我们基本上都建了小型抽水站，采用的动力开始是锅驼机（蒸汽机），后来改用柴油机，黄河天桥水电站建成以后，就逐步换成电动机了。

　　上世纪 60 年代，当时为了抢占黄河两岸的滩地，府谷县和保德县都在不断修建河堤扩展滩地面积，压缩了黄河流水断面，有可能在汛期造成严重的洪灾。这里特别值得一提的是，1963 年，府谷县经过榆林地区水利局批准，投资了 3 万元，在黄河沙滩上修了一条数百米长的铁丝笼砌石河堤（顺坝），工程逐年续建，加长和加高，当时的想法是，一方面为了防洪，保护府谷县城（洪水曾两次淹没县城街道），另一方面给郊区几个村夺回几百亩耕地。但是，河对面的保德县"眼红"了，向黄河主河槽搞"截流"，不惜代价在主流中抛石强占出约 400 米，把原来河床的宽度最窄处缩小到只有 360 米，因上游有两座大坝起到拦蓄的作用，因此不但没有大洪水出现，而且河水的含沙量不断减少，河床逐年不断加深，估计下降至少也有五至六米。

▲ 府谷县孤山人民公社引水拉沙筑坝的场景。
约拍摄于 1970 年代末。
高小定 摄

▲ 府谷县城黄河河堤治理后，改造出大片良田。

约拍摄于 1970 年代。

马子亮　摄

府谷有"五川一河"惠及两岸，偶遇山洪暴发也常殃及两岸，淹没庄稼，冲毁房舍。县城黄河是主要的河堤治理工程，县城河堤于1962年开始兴建，1977年被洪水冲毁。1977年后提高防洪标准，根据洪水流量设计施工方案，动员全县民工参与建设，国家投资119.6万元，全部工程于1982年竣工，动用土方18.8万立方米，石方9.1万立方米。县城河堤是屏障，对县城起着极大的保护作用。20世纪60至80年代先后建设了沿黄河段的多处河堤以及黄甫川、清水川、孤山川、石马川、特牛川两岸的30多处河堤，总长26217米，护地8050亩，造地5250亩。

马子亮 摄

府谷县天桥电灌站是县内最大的电灌站工程。1970年开工建设，1976年竣工。

大型电灌站基本上都由村集体管理，只有天桥、狮子城、东山电灌站是由县政府水利部门管理。

天桥电灌站是府谷县最大的电灌工程。由海则庙天桥村的黄河中以装机18台/4050千瓦的抽水机（抽水量每秒0.75立方米，通过7级提水，总扬程313.5米），把黄河水提上兴堡山，可灌溉磁窑沟、天桥子等15个村的耕地，设计灌溉面积0.8万亩，有效灌溉面积0.38万亩，1970年开工建设，1976年竣工，总投资208.2万元，其中国家投资142万元。全灌区田间配套工程有干渠7.88千米，支渠50千米。

狮子城电灌站，地址在傅家墕崇塔村。1970年开工建设，1977年竣工，总投资151万元，其中国家投资140.5万元，以黄河为抽水水源，7级抽水，总扬程343.6米，装机20台/2995千瓦，抽水量每秒0.51立方米，设计灌溉面积0.6万亩，有效灌溉面积0.18万亩。田间配套工程有干渠14.5千米，支渠40千米。建成后只试了一次水。

东山电灌站在高石崖东山村。1970年开动建设，1976年竣工，总投资124.3万元，其中国家投资79.3万元，以黄河水为抽水水源，抽水级数为7级，总扬程307.3米，装机16台/1546千瓦。设计抽水量每秒0.34立方米，设计灌溉面积0.5万亩，有效灌溉面积0.247万亩。田间配套工程有干渠6千米，支渠15千米。

至1989年年底，全县有机电灌站543座，其中柴油机灌站415座，装机588台，容量6048千瓦。电灌站128座，装机192台，容量1023千瓦，水源主要是黄河及其他河流的长流水，也有一部分水库水。灌溉总面积4万多亩。

▲ 府谷县城内村把黄河水引上山。
　马子亮　摄

◀ 府谷县碛塄乡开挖的蓄水池，
　被时人称为"甘露工程"。
　马子亮　摄

　　府谷山区多地缺水，人畜饮水是府谷老百姓亟待解决的问题，至1989年底全县建成人畜饮水工程80多处，使60个村18300人和2500多头牲畜的饮水问题得到解决。

♥ 府谷县天桥村引水上山，村民饮上自来水。

马子亮　摄

　　府谷县农田基本建设的主要任务是打坝修梯田，自20世纪50年代至80年代修梯田一直在进行，每年冬、春两季都要投入大量的人力、物力修梯田。修梯田只在各生产队进行，县、社、大队三级没有修梯田任务。最早的梯田只是打个梯田堰子，为完成任务而已，起不到保水的作用，还不好耕种。后来要求不仅要打好围堰，还要将围堰内的土摊平，叫作水平梯田。水平梯田确实起到了保水的作用，但是由于堰窄地少，起不到大面积的保水作用，耕种起来仍然不方便。20世纪70年代后期，要求将原来的两堰三堰甚至更多的堰，窄幅梯田重新整修，多堰变一堰，土地增加，大面积平整，叫作宽幅水平梯田。这样的梯田既保水又便于耕种，真正起到梯田的作用。人工修造宽幅梯田费时费力，有时一两年造一块宽幅梯田，梯田面积10—15亩。至20世纪80年代末每个自然村至少有一至两块宽幅梯田，约为30亩左右。全县宽幅水平梯田保有量2700多亩，普通梯田保有量50万余亩。

◀ 府谷县农田基本建设的主要任务是打坝修梯田。
　　马子亮　摄

　　黄甫川河是黄河含泥沙量最大的一条支流，全长 127 千米，县境内长 48 千米，总流域面积 3241 平方千米，县境内流域面积 418 平方千米。

　　1972 年，府谷县成立黄甫川流域治理指挥部，办公室简称流域办。1982 年，国家把黄甫川流域列入全国水土保持八大重点治理区之一，黄甫川流域治理进入科学有效的新阶段。

　　府谷县原流域办主任张斌，多年从事黄甫川流域治理工作，他回忆说：

　　黄甫川流域治理是国家的重点防治工程。我是 1995 年任黄甫川流域办主任，每年春季造林期间，从起苗、运输、整地到栽培等各个环节都层层把关。在基本农田建设上，注意效益工程水库坝地梯田同步发展，在林果建设上，主抓小果园和庭院经济。单位明确分工给任务，压担子，明确责任，奖罚分明。流域办的工作重点做好"水"文章，在沿川地区大面积打配机井，干旱梁峁地区修建蓄水窖，修建人畜饮水工程。20 世纪 50 年代至 80 年代，经过几十年的艰苦奋斗，府谷水利事业取得了长足的进步，农业生产条件随之也得到了根本的改善。

▲ 府谷县农田基建场景。

马子亮 摄

第十二篇

养殖收益

从家庭散养

到集体饲养

再到规模养殖

发展畜牧

成为农民增收途径

撰稿：吴来如

　　府谷县的畜牧业历史悠久，畜禽品种多，资源丰富。据《府谷县志》记载，在周代之前，府谷是广阔的草原和茂密的森林，春秋战国时期，是少数民族的游牧之地。到汉初，由于实行"移民实边"政策，大量中原地区贫民流入，在河谷川道区域发展农业，这里开始变为畜牧为主的农牧交错地带。

　　中华人民共和国成立以后，府谷县在发展农业生产的同时大力发展畜牧业，畜牧业生产出现了生机勃勃的景象。到 1989 年年底，全县大畜发展到了 3.2 万头，比 1949 年增长了 2.36 倍；猪发展到了 4.5 万头，比 1949 年增长了 13.77 倍；羊子发展到了 23.5 万只，比 1949 年增长了 3.51 倍；畜牧业产值达到了 1019 万元（1980 年不变价），比 1949 年增长了 7.35 倍。

▶ 农业合作化和人民公社期间，每个农户家庭只能养三五只羊，成群羊由生产队集体饲养。图为饲养员放羊的场景。
　　马子亮　摄

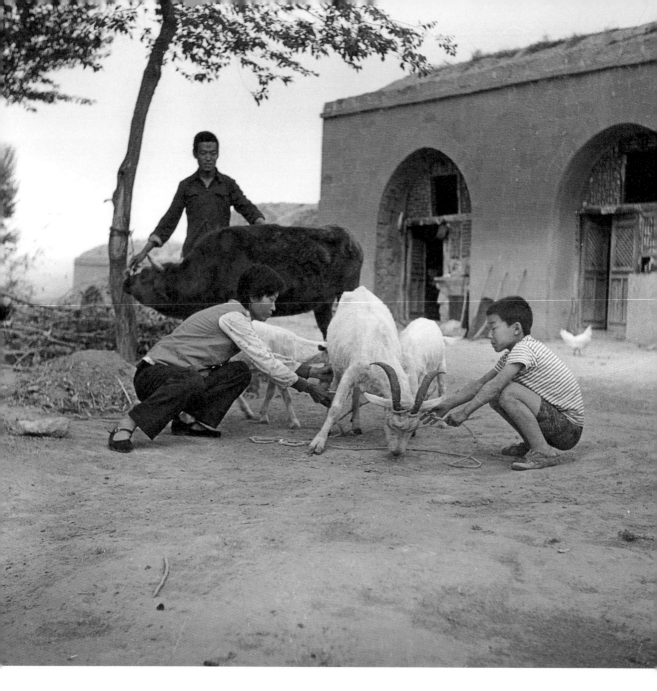

▲ 农户家里，养一头牛、三两只羊和几只鸡，成为寻常景象。图为农户饲养家畜的场景。

马子亮　摄

▲驴、骡、马、牛等大畜一直作为耕地的主要畜力。
　马子亮　摄

　　1958 年 9 月到 1980 年 11 月，农业合作化和人民公社期间，每个农户家庭只能养一头猪、三五只羊和几只鸡。大畜作为耕地、拉车、驮物和拉碾磨的主要畜力，全部由生产队集体饲养，成群的羊子也全部由集体指派社员放养。70 年代初上级号召集体养猪，有的生产队养二三十头，但由于缺少饲料、防疫知识等，成功者寥寥无几。1980 年实行农业生产责任制以来，大畜和羊子全部分给了村民饲养，成为小规模养殖的前奏。

吴根祥，1935 年出生，现年 86 岁，赵五家湾乡柏草峁村人，曾担任柏草峁生产队副队长，也当过饲养员。他告诉笔者：

解放初期，村里不到一百口人，贫下中农在土改中都分到了土地。

合作化以后，各家各户的大牲畜和羊子都入了社，由集体饲养。到了六七十年代，大牲畜逐渐增多，牛、驴、骡、马共有二十多头。原来的圈舍不够用，就紧挨原来的院落西边新挖了三孔土窑，盖了三间西房饲养牲畜。饲养员由生产队开会决定，至少两人，一般两三年调整一次，干得好也可以接着干。牛主要用来拉犁耕地，骡、马主要用来拉耧种地，驴主要用来拉碌碡打场或拉碾磨加工粮食。另外大牲畜到了春天还要拉车送粪，秋天运输谷物，冬天到许家梁煤矿拉烧炭。队里用牲畜由队干安排，个人用牲畜需队干批准。农闲时，队里还组织社员赶着骡马拉着平板车到内蒙古搞运输，增加收入。

▲ 农业合作化后，农村各家各户的大牲畜都收归集体饲养，统一调配劳作。图为农民耕地的场景。

马子亮　摄

▲ 在农村，驴主要用来拉碌碡打场和拉碾磨加工粮食。

马子亮　摄

▲ 在上世纪六七十年代之前，农村交通闭塞，驴成为重要的交通工具之一。骑驴赶路成为常见景象。

马子亮　摄

大牲畜的饲草，夏天主要是苜蓿，其他三季主要是糜草和谷草。饲料主要由黑豆和玉米加工而成，冬春两季才喂。遇到年头不好，草不够用，到了春天，队里就发动社员到野外挖草根、割枯草想办法度过饥荒。

　　柏草峁生产队有五群羊，每群有五六十只，全部由队里安排社员放养。社员家里也可以养几只羊，夏天跟着生产队的羊群出坡吃草，冬天由自家饲养。那时缺少化肥，喂养牲畜还能攒粪，特别是羊粪，确实是种庄稼的绝好肥料。

　　社员家家户户都喂养一头猪，因为粮食不多，一头猪喂满一年，最多有五六十斤肉。每年还要给公家交任务羊和猪。柏草峁生产队每年要交十几只羊、一两头猪。羊子队里交，猪子由社员按户轮流交。

　　1973年，人民公社号召集体养猪，队里在石峡庙的下院建了几个猪圈，喂养了二十几头猪，饲养员是刘换璋，就住在中院东边的石窑里。起初猪子长势良好，赵五家湾人民公社还在柏草峁生产队召开了现场会，让其他生产队的人来参观学习。后来由于有疫病，死了不少，两三年就停办了。

　　1981年包产到户以后，生产队解散了，大牲畜和羊子全部按人头分给了社员。

◀ 上世纪七八十年代，府谷养殖业呈现出勃勃生机。图为府谷县召开的羊子养殖经验交流现场会。
　　马子亮　摄

▲ 在农村，放羊成为黄土高原上的一道风景。

马子亮　摄

▲春日里，黄牛犁地的场景。
　马子亮　摄

▲ 水车浇水是一种古老的浇灌方式，主要以畜力为动力，将水引出，灌溉田地。

马子亮　摄

▲ 上世纪 80 年代之前，府谷县交通极为不便，畜力平板车是农村生产生活中最为重要的运输工具。
图为农民交公粮的现场。摄于 1988 年。

马子亮 摄

杨培亮 1986 年任府谷县畜牧局局长，1995 年离岗。他回忆说：

上世纪 80 年代，府谷县畜牧局的下设单位有畜牧兽医站、家畜检疫站、草原站、孤山大畜配种站、麻镇大畜配种站、养猪场、养羊场、畜牧工商联合公司。

那时，府谷的大畜和羊子产业发展进入快车道，品种的改良收效良好，种猪场、种羊场和配种站功不可没。特别是畜牧兽医站和畜牧工商联合公司，先后在李克复和杨乃和的领导下，采取引进新品种、"借母还子"的方法，将秦川牛、佳米驴、辽宁白绒山羊等新品种引进府谷，发放给有需求的农户养殖，一年以后"还子"（牛犊、驴驹、羊羔等），扶持了大批贫困户和专业养殖户，促进了我县畜牧业的快速发展。王家墩乡的王子裕就是一个成功养羊的典型。由于饲料短缺的原因，府谷大规模养猪业还没有兴起，只有个别年轻人试着小规模养殖还算成功，墙头乡墙头村的谭乃小是一个代表。

上世纪 80 年代，时任府谷县畜牧站站长杨乃和（左一）到养羊场开展检疫工作。

马子亮　摄

▲ 1980 年冬，府谷县大批耕牛患有骨软病，轻者跛行，重者卧地不起。时任府谷县兽医站站长李克复（左四）
对一头病牛进行解剖诊断。

李克复　提供

　　李克复1936年出生于汉中市，1955年从汉中农校兽医专业毕业后，分配到神木县畜牧站工作，1961年神府分县时到府谷畜牧站工作。他回忆说：

　　我从1955年毕业到1986年从事家畜的防疫与改良，一干就是三十多年。府谷县的家畜防疫工作主要靠县乡两级畜牧站进行，打防疫针和一般疾病治疗由乡镇兽医站工作人员来完成，重大疫情则由县乡畜牧站的工作人员和上级专家共同来完成。

　　1960年，黄甫乡山神堂及邻村人群中暴发了布鲁氏菌病（该病是人畜共患的传染病），该村当时有近百名患者，非常惊恐。我带人对疫区9个村的羊子做了普查，发现疫情严重。随后，县上抽人医、兽医和行政领导，成立布防组。省上从全省各地抽调80多名专业干部，成立了布防队进驻黄甫，对病人进行治疗，病羊全部宰杀，同时对人、畜全面开展预防接种。1979年，全县畜禽疫病普查工作荣获省畜牧兽医总站颁发的一等奖证书。

　　1980年冬，全县大批耕牛出现骨软病，轻者跛行，重者卧地不起。我初步诊断为缺钙磷，让基层工作人员给牛喂骨粉。后来，榆林地区也派来专家到重病区大岔硬路塔村解剖了一头病牛。经过鉴定，专家肯定我的诊断是正确的。县上随即从榆林运回几吨骨粉送到各乡，无偿发放给生产队。经过短期喂骨粉的治疗，牛的病情显著好转，确保了当年春耕生产的顺利进行。

▲牛是农民耕田运输的好帮手，同时也能为农民带来收益。

马子亮　摄

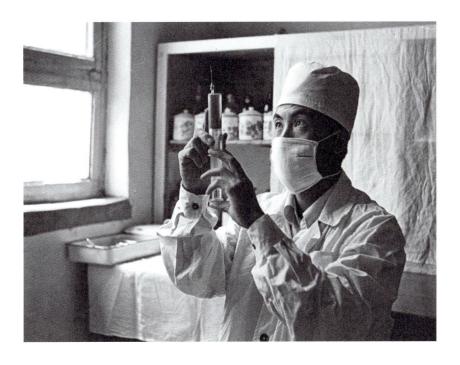

▲府谷县基层兽医工作者。
　马子亮　摄

　　在家畜的改良方面，我任畜牧站长以后，首先从关中引进一批奶羊，以后又从子洲引进一批杂交秦川牛，以"借母还子"的方式发给有条件的农户喂养。给段寨农场配发了一头关中公驴。在陕北羊的改良方面，在哈镇、大岔、赵五湾、麻镇等四乡镇建立人工授精站，培训人员，配备药品器械，加快了改良步伐。特别是在麻镇，还成功地完成绵羊"胚胎移植"技术试验，在陕北羊改良方面发挥了重要作用，也填补了地区的一项空白。

　　陕西省农业厅先后为我县颁发了《鸡新城疫控制证书》《猪瘟基本控制证书》；1982年中共中央地方病防治领导小组为我县颁发了《府谷县布鲁氏菌病基本控制证书》。我本人于1982年被农牧渔业部评为"农业技术推广先进工作者"。

▲ 上世纪 80 年代末至 90 年代中期，羊皮及羊绒市场异常火爆。特别是 1988 年羊绒市场价格暴涨，发生
了第一次"羊绒大战"。1995 年又发生了第二次"羊绒大战"。

马子亮　摄

　　进入 20 世纪 80 年代，借着改革开放的东风，各乡镇的集贸市场全部放开，家畜和畜产品扩大了交易市场，相当活跃。这一时期，生产力得到大解放，憋屈了十几年的农民群众活力一下释放出来，特别是养羊和养猪成了部分农户发家致富的快捷途径。

　　王子裕，1936 年 12 月出生于王家墩乡王家墩村，2018 年 4 月 4 日去世。王子裕在同龄人中，有文化、头脑活，乐于接受新生事物，做事有超前意识。其长子王林虎回忆起父亲时说：

　　1981 年，实行包产到户，我家承包了集体的 66 亩耕地，当时一二百元就可以买一头驴，为了耕地我父亲买了两头母驴，到了 1986 年毛驴的价格大涨，父亲卖了一头两岁驴驹就收入 1050 元。

　　1985 到 1986 年，周边羊市场疲软，羊肉、羊毛、羊皮价格大跌，很多人把羊削价处理。父亲对我们说："贵无千日，贱无千日。羊市场一定会在两三年内暴涨。"父亲决定养羊。1987 年过罢春节，父亲怀揣卖驴得来的 1050 元钱，带着我到了内蒙古沙圪堵附近魏家峁，花了 900 多元买了 68 只羊。同年，父亲又卖掉家里的两头驴，买回一头大母牛，一头大犍牛。从此我们家走上了农、牧、副并举的致富路。"庄稼一枝花，全靠粪当家"，有了充足的牛羊粪，全家人吃苦耐劳、精耕细作，再加上风调雨顺，我家的农牧业生产获得大丰收。

　　我父亲非常重视羊子的品种改良，他的主张得到了乡党委政府和县畜牧局的支持，畜牧局先后给我家配发了三只白绒种羊，经过几年的繁殖，淘汰了所有的土种山羊和绵羊，家里的羊子全部成了纯一色的白绒山羊。逐渐羊子发展到 100 多只，高峰时期超过了 200 只。原来的土种羊个小、产子少、产绒低，每只年产绒 2—3 两，改良后的白绒山羊产子多，一只母羊一年可产 2—3 只羔子，每只羊可产绒 6—8 两，而且个个膘肥体壮，改良十分成功。当时市场的绒价每斤 100 多元，后来涨到每斤 200 元。由于我家的绒丝长、质量好，吸引了山西、河北、内蒙古等地的羊绒贩子，以高于市场价格二三十元收走。我家发了羊财，每年从羊身上就收入 2 万多元，成了远近闻名的万元户。每逢王家墩过集，前来参观的人络绎不绝。

就在王子裕开始养羊的同时，墙头乡墙头村一位年仅23岁的男青年谭乃小萌生了养猪的念头。

谭乃小，1963年12月2日出生于墙头乡墙头村，1989年7月23日下午，他在黄河里英勇救人的事迹，曾被《陕西日报》以"府谷青年船工谭乃小勇救山西落水女青年"为题予以报道，一时声名鹊起。他是我县小规模养猪第一人，采访时，他告诉笔者：

1986年11月，一个偶然的机会，我从电视上看到广州军区后勤部举办快速养猪培训班的广告，经过和家人几番商量，决定去广州学习。培训班一期半个月，学费全免，吃住由部队安排，每天只交8元伙食费和住宿费。学习结束后，我回到家中开始筹备砖和木料，打听哪里有良种仔猪。第二年春天，先投资3000元建了六间砖木结构的猪舍。猪舍修好后，到了内蒙古托克托县花了2000多元，购买了50头仔猪，然后雇了一台小型拖拉机赶了一天一夜，行程300多公里，将仔猪运回墙头，开始了养猪。饲料全部由自己制作，把自家的和收购的玉米、麸皮、麻糁、豆子等粉碎，按照一定比例搅拌在一起。养殖初期资金紧张，团县委书记赵勇得知后，亲自出面通过扶贫办帮我贷了2000元贴息款，解了燃眉之急。

快速养猪，半年就能长到四五百斤，一年出栏两批。那时，猪肉每斤一两块，生猪每斤一块多。第一批猪有40多头卖给了河曲过来的一个贩子。从第二批开始全部卖给河曲县食品公司，每头猪可获利500元左右，每批获利2万多元，年获利4万多元。在当时来说，收入相当可观。

1988年10月下旬，共青团榆林地委在府谷召开现场会，与会人员参观了谭乃小的养猪场、刘建军的养鸡场和李媚达的水果加工厂，谭乃小等人作为"青年致富"的典型受到大家的热捧。

谭乃小的快速养猪成功了，山西、内蒙古和榆林地区的一些养殖户纷纷前来参观取经，谭乃小将他在广东学到的快速养猪法传授给他们，他的义举也得到了各级组织的肯定。1989年5月4日被共青团陕西省委员会评为"陕西省新长征突击手"，1990年5月4日被共青团榆林地委评为"榆林地区首届十佳青年"。

▲ 府谷县墙头村养殖专业户谭乃小在猪舍喂养。
约拍摄于 1988 年。

马子嘉 摄

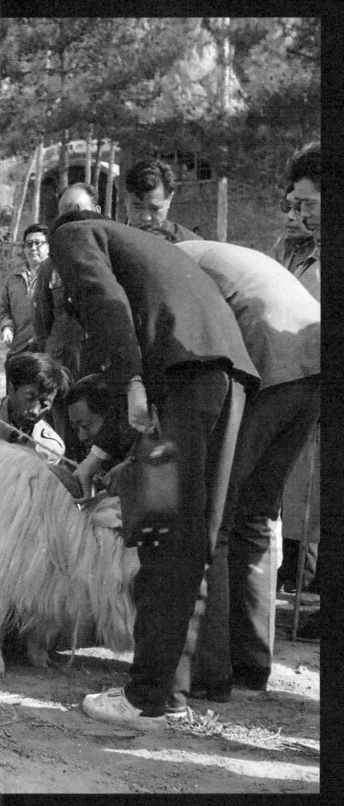

牲畜市场成为农村集市的重要组成部分。

马子亮 摄

▲ 府谷县渔场工作的场景。

马子亮　摄

▲ 府谷县举办科学养殖培训班。

马子亮 摄

府谷县城内养殖户李瑜祥（右）在鸡舍喂养。

马子亮　摄

在府谷县的养殖行业，还有一位不得不提的青年，他就是墙头乡尧沟梁村的刘建军。他13岁家贫辍学，17岁开始创业，成为府谷县养殖行业年龄最小的带头人。他向笔者介绍了他的养鸡经历：

1983年春，我在收音机里听到山西省昔阳县大寨村耿银柱养鸡致富的消息，便萌发了参观学习的念头。在父亲的支持下，我带了50元路费到了大寨村。耿银柱共养了1000多只鸡，全部散养。我用了一天时间一边看一边向人家请教。耿银柱非常热情，有问必答，我的收获很大。回到家中动手建了一个简易鸡舍，到麻镇闫和的孵化场花了50元钱买了100只鸡苗。这些鸡成熟时，有一半是公鸡，公鸡喂大每只卖了10元。另外50只母鸡作为蛋鸡散养，一个周期一年半，每只母鸡可产蛋30斤，第一批鸡共获利1000多元。

起初，条件差，鸡舍既无水，也无电，更不用谈资金了。墙头兽医站的李秋社得知我养鸡的消息后赠送我一本《科学养鸡》，那真是雪中送炭，村里没有充足的水源，就用毛驴车到四五公里远的黄河岸边拉，后来买了机动三轮车代替了毛驴车。

没有电就自己找光源。因为一定的光照和热度是鸡多产蛋的必要条件。为了刺激鸡的眼膜，晚上，我在鸡舍里点起了蜡烛，蜡烛怕风，鸡一抖动翅膀，蜡烛就灭了。于是又买了些玻璃罩坐灯，坐灯烟大，效果也不太好。1984年，乡政府所在地墙头村通了电，广播放大站的发电机闲置了，我借来发电机，供鸡场照明。后来县委书记周耀文来墙头下乡，专门来养鸡场调研，周书记了解情况后，安排供电部门于1985年给我们村通了电。

随着规模的不断扩大，建鸡舍、购鸡苗，资金成了问题。墙头乡信用社在各村共有9个代办点，每个代办点只给贷1000元，我跑遍了全乡的代办点，共贷了9000元用于扩大再生产。鸡场的规模越来越大，原来的散养改为笼养，到1990年蛋鸡发展到5000只，年利润可达10万元。

▲ 府谷县木瓜乡东梁村养兔场。时年，养殖户李桂梅被评为府谷县十大脱贫先进个人之一。
拍摄于 1989 年。
　　马子亮　摄
◀ 府谷县古城王家梁村养兔场。
　　马子亮　摄

刘建军养鸡出了名，吸引了山西、内蒙古和本地的不少农户前来参观学习，他不仅把自己的养鸡经验传授给他们，还鼓励他们积极行动。在他的带动下，黄甫乡的王媚驴、古城乡的白安民、墙头乡的刘富小等 48 户农户开始养鸡并获得了成功。1988 年，刘建军被中华人民共和国农业部、共青团中央授予"科技示范户标兵"。

改革开放以后的十年间，王子裕、谭乃小和刘建军等人为府谷县小规模养殖业开了先河，同时带动了一大批农户从事养殖，促进了我县畜牧业的发展，为后来的大规模养殖业提供了宝贵的经验。

▶ 府谷县古城前坪村养猪户。
马子亮　摄

府谷县庙沟门沙墕梁养羊场。

马子亮　摄

| 后 记

　　做好历史传承，留存文化记忆。府谷政协历经三年，精心编纂的《府谷相册》即将付梓出版。

　　书中资料都是宝贵的政协"三亲"史料，尤其是大量口述史和珍贵老照片具有较高的史料价值。今后，《府谷相册》将继续向全社会征集老照片及文字资料，欢迎县内外广大文史工作者、爱好者和社会各界人士踊跃赐稿。

　　在此，向为本书付出辛勤劳动的作者、编辑、审稿专家和照片提供者、受访对象致以诚挚谢意。特别鸣谢马子亮先生提供大批老照片，并为此做了大量编校工作。也向榆林市政协文史委、山西省保德县政协文史委给予的友好帮助表示感谢。由于编者水平有限，加之书中时间跨度较大，难免有疏漏和不足之处，敬请广大读者批评指正。

图书在版编目(CIP)数据

府谷相册:一座中国县城的时代记忆/政协陕西省
府谷县委员会编.—北京:商务印书馆,2022
ISBN 978 - 7 - 100 - 21673 - 9

Ⅰ.①府… Ⅱ.①政… Ⅲ.①府谷县—地方史—
史料 Ⅳ.①K294.14

中国版本图书馆 CIP 数据核字(2022)第 166736 号

府谷相册:一座中国县城的时代记忆
政协陕西省府谷县委员会 编

商 务 印 书 馆 出 版
(北京王府井大街 36 号 邮政编码 100710)
商 务 印 书 馆 发 行
北京雅昌艺术印刷有限公司印刷
ISBN 978 - 7 - 100 - 21673 - 9

2022 年 11 月第 1 版 开本 787×1092 1/16
2022 年 11 月北京第 1 次印刷 印张 23¾
定价:228.00 元